开国皇帝有话对你说系列

姜若木◎编著

倾听雄主明君的传奇故事；
再造德驭天下的处世智慧。

德服天下

司马炎

有话对你说

中国书籍出版社

China Book Press

图书在版编目（CIP）数据

德服天下：司马炎有话对你说 / 姜若木 编著. —北京：中国书籍出版社，2013.4（2021.6重印）

ISBN 978-7-5068-3416-2

Ⅰ.①德… Ⅱ.①姜… Ⅲ.①司马炎（235~290）—人物研究 Ⅳ.①K827=37

中国版本图书馆CIP数据核字（2013）第065245号

德服天下：司马炎有话对你说

姜若木　编著

责任编辑	王文军	
责任印制	孙马飞　马　芝	
封面设计	高　杨	
出版发行	中国书籍出版社	
地　　址	北京市丰台区三路居路97号（邮编：100073）	
电　　话	（010）52257143（总编室）　　（010）52257153（发行部）	
电子邮箱	chinabp@vip.sina.com	
经　　销	全国新华书店	
印　　刷	北京洲际印刷有限责任公司	
开　　本	710毫米×1000毫米　1/16	
印　　张	15.75	
字　　数	200千字	
版　　次	2013年6月第1版　　2021年6月第2次印刷	
书　　号	ISBN 978-7-5068-3416-2	
定　　价	49.80元	

前言

东汉末年，当年威武雄浑、光耀千古的大汉朝，变得四分五裂，群雄割据。在这种形势下，地方势力崛起，各地军阀为了各自利益混战不休，最终形成三国鼎足的局面。正所谓天下大事分久必合，合久必分。在三国混战接近尾声的时候，晋文帝司马昭长子司马炎，利用祖上开拓、积累的条件，登上皇帝宝座，开始了西晋王朝。

司马炎是司马懿之孙，司马昭之子，司马氏三代侍魏，最终司马炎仿效魏帝曹丕代汉，通过禅让，夺取了魏国的政权。

司马炎在登上皇位之后，不断地为统一全国而积蓄力量，经过多年的努力，终于平定了雄踞江南的东吴政权，结束了东汉末年长达80余年的战乱纷争，使得国家重归统一。

司马炎从政之初，面对的是饱经战火摧残的社会残局，经过长时间的战争，社会人口锐减，人民生活困苦，当年大汉朝的盛世景象荡然无存。面对着这种情况，司马炎开始着手国家的治理。

他实行积极的人口政策，使得人口得以恢复；废除曹魏时期的屯田制，实行有利于生产的占田制，解决了土地问题，恢复了社会生产；他不但爱惜人才，而且能够宽待人才，使得社会文化出现了繁荣景象；他颁行律令，使得社会生活有法可依；他推行无为而治，极大地促进了社会经济的发展。最终，司马炎凭借着自己的管理，通过顺

前
言

德服天下

应历史潮流的举措，在战火之后的废墟上，成就了一段"太康盛世"的佳话。

司马炎在历史上并没有被史学家过多的书写，一方面因为他并没有经过太多的战火洗礼就登上了皇帝宝座，很有种太平天子的味道；另一方面在于晚年的司马炎变得怠惰荒淫、奢侈腐化，给社会风气带来了不良的影响。但是自古帝王功过两分，司马炎能够在乱世中夺得皇帝宝座，并在多年的战乱后将国家重新统一，这些都不是简简单单就能做到的。他在位期间，宽厚重德，对于臣子和人民，都能够厚德待人。最重要的是，他能够在战火的废墟中，治理出一段久违的太平盛世。

司马炎的功绩不容抹杀。我们编写本书的目的，正是要通过对司马炎一生中的成绩，加以整理，并从中抽取出对我们现代人的发展有借鉴意义的部分。希望读者能够通过本书，走近司马炎，聆听他的成功故事，进而能够在他成功的经历中有所借鉴与吸收，从而帮助我们在当今社会取得更好的发展。

目 录

　　机遇在我们的人生中，有着很重要的意义。一个人只有抓住机遇，才能够走向成功。俗话说："机遇偏爱有准备的人。"但我们更应该看到，机遇更加偏爱能够认识它的人。要获得成功，就要善于发现机遇，驾驭机遇，抓住机遇，借着时代的趋势，走向成功。所谓"应运而生"、"时势造英雄"，无论是"运"，还是"势"都是"机遇"的一种表现形式。成功的人之所以成功就在于他能够把握住人生的机遇、时代的脉搏。

第一章

······ 司马炎对你说机遇

目 录

德服天下

司马炎有话对你说

第二章

司马炎对你说成功

人们常说"期望什么，得到什么"，期望平庸，就得到平庸，期望伟大，就有可能真的伟大。因此我们一定不能够放弃对成功的追求，只有勇于追求，踏实努力，才能够一步一个脚印地不断向前，最终走向成功，铸就属于自己的成功人生。

第三章

司马炎对你说管理

正所谓：没有规矩不成方圆。管理在现实生活中起着非常重要的作用，无论是团队还是个人都离不开管理。随着经济的发展，管理的科学也在不断进步。但是这并不意味着古代帝王的管理之道就要弃之不顾。事实上，古人的管理之道往往是管理艺术的精髓，现代人对于帝王管理之道的借鉴吸收，往往能够成就一个团队的辉煌。

古人云：善用人者能成事，能成事者善用人。善用人才是一个领导者成熟的主要标志，也是一个团队领导人能否将团队"引航前行"，在市场经济的汹涌波涛中驶向胜利彼岸的关键条件之一。古人常言："争天下必先争人。"足见人才的重要性，现在，用人之道也成为了身为领导的必修课之一。

俗话说得好："做事先做人，立业先立德。"在我们的人生发展中，无论我们要做什么，都首先要从自身做人开始，只有首先作为一个堂堂正正的人，才能够发展自己，取得成功，这就是我们的为人之道。在日常生活中，我们每天都要与很多人接触，即处世。处世之道是每个人终生必修课，尤其在当今交往频繁、人际关系复杂的社会里更是如此。学好为人处世之道，能够拓宽我们发展的空间，能够让我们在发展之路上轻松前行。

目 录

德服天下

司马炎有话对你说

第六章

司马炎对你说谋略

自古英雄多谋略，但是细究谋略，究竟为何？谋者，针对问题，积极思考和谋划；略者，将自己的思考化作相应的战略方针。因此，谋略是通过对眼前和长远的问题思考而制定的解决对策和方案。谋略源于军事斗争，但绝不局限于军事斗争。人生发展需要谋略，商业竞争需要谋略，官场沉浮需要谋略……谋略，贯穿于我们的生命始终，只有善于运用谋略，才能够让自己的人生充满智慧。

第一章

司马炎对你说 机遇

　　机遇在我们的人生中，有着很重要的意义。一个人只有抓住机遇，才能够走向成功。俗话说："机遇偏爱有准备的人。"但我们更应该看到，机遇更加偏爱能够认识它的人。要获得成功，就要善于发现机遇，驾驭机遇，抓住机遇，借着时代的趋势，走向成功。所谓"应运而生"、"时势造英雄"，无论是"运"，还是"势"都是"机遇"的一种表现形式。成功的人之所以成功就在于他能够把握住人生的机遇、时代的脉搏。

认清时代大趋势

山之将顷，匹夫难撑。水之将涌，石破天惊。势是时代的潮流，是不能阻挡的历史的脚步。《孙子兵法》云："计利以听，乃为之势，以佐其外。势者，因利而制权也。要想得利，便要应势……故善战者，求之于势。"故"乘势"必先学会"识势"。"识势"方能辨清大局；"谋势"才能运筹帷幄。只有认准了时代的潮流，借助时代的大势，才能够抓住机遇，走向成功。

三国、两晋、南北朝时期是中国封建社会的重要发展时期，而在这段时期内中国也经历了从封建割据到全国再统一的过程。

自东汉末年黄巾起义失败后，地方混战的局面持续了十多年。曹操以黄河中下游地区作为活动范围，并采取各种措施努力壮大自己各方面的实力。其中最骇人听闻的是他在公元196年通过劫持汉献帝、用汉皇帝的名义来扩张势力范围。虽然曹操实力很强，但在扩张势力范围上还是有一大阻碍，那就是在北方占据冀州、幽州一带的袁绍。为了争夺地盘，曹、袁两军于公元200年在河南官渡决战。结果是曹操打败了袁绍。乘胜追击，最后曹操肃清了袁绍的势力，统一了黄河中下游地区。

在公元200年前后，孙权父业子承，在南方开创基业，占领长江下游地区。与此同时，自称汉家宗亲的刘备也不落伍、积蓄力量，等待机遇。当时，刘备还没有固定的地盘，只是活动在湖南、湖北及河南地区。虽然当时还无法与曹操、孙权争上下，但以刘备为首的领导班子很有智力和战斗力，如以有政治和军事家头脑的诸葛亮做谋士，而关羽、张飞和赵云都是一代猛将。

曹操于公元208年亲率大军南下，攻取荆州，一并打击刘备和孙权。在当时敌强我弱的情况下，刘备和孙权积极合作，听取诸葛亮的计策，联合抗击曹军。当时，周瑜担任孙权的主将，在赤壁之战中火烧曹军战船数十艘。在如此形势下，孙刘联军发动猛烈进攻，以总共不到五万人的兵力，打败了拥有二十多万人的曹军，获得了全面胜利。在赤壁之战后，曹操退回北方。从此，孙权稳定了在江南的地位。而刘备乘胜占据了荆州的部分地区，并向西占据了益州（今四川省），三足鼎立的局面基本形成。

公元220年，曹操死后，他的儿子曹丕废汉献帝，自立为帝，建国号为大魏，并定都洛阳。而刘备在公元221年自称汉帝，建都成都，历史上称为蜀国或蜀汉。孙权于公元229年正式称帝，国号吴，建都建业（今江苏省南京市），三国鼎立的局面正式形成。

曹操在官渡之战前，在许昌一带进行屯田，收到了良好的效果。曹丕建魏后，扩大屯田的规模，并兴修了水利工程，开辟了水稻田，使黄河流域的社会经济有了较快的恢复和发展。在政治上，曹操不问家世、不问门第而提拔了一些人。在魏、蜀、吴三国中，他手下的人才最多，实力也最强。

吴国在孙权称帝前后，也在江淮一带大规模屯田，在浙江地区大举兴修水利，又从北方引进较为先进的生产技术，促进了长江下游地区的

德服天下

司马炎有话对你说

开发。吴国重视跟其他地区及南海各地的联系。公元230年孙权派卫温、诸葛直率领载兵万人的大船队到了夷州（今台湾省），又派万人的大船到辽东，孙权还派康泰、朱应等人出使东南亚诸国。他们回国后曾著书立说，介绍南海诸国的情况。

刘备在四川建立蜀国后，任命诸葛亮为丞相。他在四川积极发展生产，派人管理都江堰，又新修了一些水利工程。他为了安定后方，改善了跟今贵州省、云南省等地区少数民族的关系，加强了汉族跟西南少数民族在政治、经济、文化上的联系。

魏、蜀、吴三国的经济和文化，以魏国最为发达。魏国的首领曹操不仅是著名的政治家和军事家，他和他的儿子曹丕和曹植还是著名的文学家。曹操的代表作如《短歌行》、《步出夏门行》，气魄宏伟而有苍凉之感，是中国文学史上的著名诗篇。曹丕的《典论·论文》，是中国现存最早的文学评论的专篇。曹植的诗，对五言诗的发展有一定的影响。

曹操喜欢以诗言志，他在《苦寒行》一诗中写道：

北上太行山，艰哉何巍巍！

羊肠坂诘屈，车轮为之摧。

树木何萧瑟！北风声正悲。

熊罴对我蹲，虎豹夹路啼。

溪谷少人民，雪落何霏霏！

延颈长叹息，远行多所怀。

我心何怫郁，思欲一东归。

水深桥梁绝，中路正徘徊。

迷惑失故路，薄暮无宿栖。

行行日已远，人马同时饥。

担囊行取薪，斧冰持作糜。

悲彼东山诗，悠悠使我衰。

曹操这首《苦寒行》是在建安十一年（206年）征高斡时所作。高斡是袁绍之外甥，降曹后又反，当时屯兵在壶关口。曹操从邺城（在今河北省临漳县）出兵，取道河内，北度太行山，其时在正月。诗中描写了行军和征战的艰苦。

魏、蜀、吴三国之间的关系，起初是吴、蜀联合，对抗曹魏。后来，吴、蜀为了争夺荆州，出现了矛盾。公元220年吴国利用了关羽对魏的作战时机，进行突然袭击，夺取荆州，杀了关羽。因此，刘备于公元222年亲率蜀军伐吴。蜀、吴两军在湖北宜都大战，蜀军失败。刘备于第二年在四川奉节病死。诸葛亮辅佐刘备的儿子刘禅即位，继续推行联吴抗魏政策。

公元234年，蜀魏两军在陕西岐山五丈原地相互对抗，正在胜负不决的时候，诸葛亮病死军中，蜀军撤回。此后，蜀的势力日渐衰落，而魏的大权逐步落入司马氏手里。司马懿死后，他的两个儿子司马师、司马昭相继执政，魏的皇帝已成傀儡。

魏国自曹操死后，蜀国自诸葛亮死后，都失去了进攻对方的力量。吴国一向划江自守，孙权死后，也进入衰落阶段。魏国的司马氏集团，在三国衰落阶段内，是统一趋势的代表者。公元260年，司马昭杀魏帝曹

髦，司马氏集团势力愈益巩固，同时蜀、吴两国愈益衰落，统一的时机成熟了。

后来灭掉蜀国后，司马昭决定三年后灭吴，但在公元265年他就死了。当年，司马昭之子司马炎废魏帝，建立晋朝，号称晋武帝。司马炎，便是本书要重点剖析的西晋开国皇帝。

在公元280年，晋武帝派兵二十余万，兵分六路进攻吴。这些都是后话。

总体看来，司马氏政权消灭蜀、吴两国标志着自东汉末年以来几十年来三足鼎立局面的结束，从而出现了短期的统一。在实现统一的"太康"年间，由于某些政治措施在一定程度上是符合当时人民利益的，长时间被破坏的生产力得到了最大限度的恢复，所以社会呈现出一些繁荣的景象。

司马炎能够做到万人之上的地位，得益于时代，得益于司马氏三代的积累。时代的混乱造成了一种统一的大势，司马氏的积累给司马炎的开国打下了基础。司马炎正是把握住了时代的潮流，借势而起，登上了时代的高峰。

司马炎的成功，告诉我们一个道理：势是一种能量，是一种气场。懂得乘势、造势、借势，才能把握成功走向。有气场才有势，智者懂得以势成就天下大事！《兵经百篇》中云："艰于力则借敌之力，难与诛则借敌之刃，乏于财则借敌之财，缺于物则借敌之物。"古往今来，那些成功者并不是生来就具有凌驾于众人之上的超凡能力，之所以取得成功，关键在于他们善于通过借势来壮大自己、成就自己。

人人都梦想一举成名，获得想要的成功，但刚开始往往势单力薄，怎么办？拼命抵抗还是另寻他路？最好的办法是以"势"成事。何谓势？《孙子兵法》曰："激水之疾，至于漂石者，势也。"湍急的流水，飞快地奔流，以致能冲走巨石，这就是势。《孙子兵法》又云："势者，因利而制权也。"所谓势，就是凭借条件来产生出控制局面的力量，促成事情发展顺利的各种因素，包括时机、地点、人物，等等。

势就是一种能量。宇宙有气势，自然有气势，生命有气势，旋律也有气势……势就是潮流，势就是取向，势就是一种气场，它可以让他人受到感染，或者被同化，或者被摧毁。也正因为如此，用兵之人常常蓄积力量，筹备举兵之时能有一扫天下之势。顺势而为，就能够顺风顺水；逆势而为，则不免遭遇失败。

善于借势造利最具有说服力的例子就是清朝商人胡雪岩。他有自己的一套商业理念："势利，势利，利与势是分不开的，有势就有利。所以现在先不要求利，要取势。"在胡雪岩看来，要取的"势"主要有四股，他说："权场的势力、商场的势力、江湖的势力，我都要。这三势要到了，还不够，还有洋场的势力。"

胡雪岩自幼时生活贫困，为了支撑起整个家，经亲戚推荐介绍，他进钱庄当学徒。当时，他什么都不会，所以只能从扫地、倒尿壶等杂役干起，在学徒三年，由于他勤劳、踏实，所以被提升为钱庄正式的伙计。在此期间，胡雪岩遇到了王有龄，他听说王有龄是捐盐大使，所以感到机遇来了，为王有龄筹了五百两银子，资助其进京拜官。

王有龄因为胡雪岩的帮助，才有机会补了空缺，后来知恩图报，胡雪岩在其帮助下拥有了自己的钱庄。

胡雪岩在经营生意的过程中始终懂得借贵人之势，他为自己找到了

新的商业保护人左宗棠。胡雪岩为左宗棠筹粮筹饷、购置枪支弹药、购买西式大炮、购运机器、兴办船厂、筹借洋款等，这些事耗去了胡雪岩大部分精力，但是他乐此不疲。第一是因为这些事本身就是商事，可以从中赢利；第二是因为左宗棠必须通过这些，才能安心兴办洋务，成就功名大业。

左宗棠是个英才，事业日隆，声名日响，他在朝廷中的地位越巩固，胡雪岩就越踏实。他原来之所以仰赖官府，就是为了做生意减少风险，现在有了左宗棠这样一位大员做后盾，有了朝廷赏戴的红顶，赏穿的黄褂，天下人莫不视胡雪岩为天下等一的商人，莫不视胡雪岩的阜康招牌为金字招牌。胡雪岩也敢放心地一次吸存上百万的巨款，甚至有很强的实力可以与洋人抗衡。

红顶商人胡雪岩能够在商场叱咤风云，其自身能力固然重要，但更重要的是他懂得借势之道。用势之学问博大精深，气场强大的人懂得"顺势""造势""驭势"；气场弱的人则要"度势""借势""附势"，处于人生顶峰需防"失势"，处于低谷则要等待"得势"。如果能像胡雪岩一样深谙用势之道，成功也离你不远了！

人生总不是一帆风顺的，总有人春风得意，有人失意落魄。让人不解的是，有些真正有实力的人因时运不济而"怀才不遇"，而有些人却因攀附贵人而飞上枝头变凤凰。是生活不公吗？也许。但更多时候，是我们不懂得用"势"之妙。

比尔·盖茨曾说过：一个人永远不要靠自己一个人花百分之百的力量，而要靠一百个人，花每个人百分之一的力量。

不懂得借势，智者也会落魄，而懂得借势，即使愚者也能变得强大。

《孙子·九地》有云："静若处子，动若脱兔。"是指军队未行动时就像未出嫁的女子那样沉静，一行动就像逃脱的兔子那样敏捷。这一静一动也蕴涵着深刻道理："静"而非止，在静时积蓄能量；"动"而不乱，在动中巧妙用势。能将动静虚实完美结合的人，必然能够成为人中之杰。

谋事之智在于把握虚实动静之变化，静时不忘理想，看似安静，实则积蓄能量，暗潮汹涌；而动时则要出其不备，出奇制胜，一招制敌。这才是兵家制胜之道，也是为人成功之道。

都说"要乘势"，但我们应首先明白什么是势，势的本质是什么。通过了解，我们知道势是先由整体分化为两股对立能量，再由这两股对立能量溶合为一的阴阳发展过程，只有顺从一分为二，二又合为一的阴阳相济规律，才能顺势，实现乘势。了解此道理使我们终生受益，大到认识人生，了解历史、社会发展，我们都要能顺应社会的发展，安家立业，在社会上立足。

做人要学会忍耐

人的一生会遇到很多机遇，在机遇来临时，能不能够忍耐得住心中的急功近利，往往就是机遇对一个人进行全面考验的过程，一旦这个人在此期间沉不住气，机遇必将与之擦肩而过。因而，时机尚未出现之前，不要急躁，要知道，急躁对于事情的发展毫无帮助。"欲速则不达"，与其急躁不安，还不如静下心来，享受短暂的安乐以积蓄力量，等时机到来的时候，才能够振奋而起，抓住机遇。关于这一点，可以说晋武帝司马炎的祖父司马懿为我们树立了一个典范。

我们知道，曹魏政权自曹丕死后，魏明帝曹睿继位，曹魏对于司马懿很是信任。公元238年冬开始，魏明帝的健康开始恶化，在这时候，襄平的公孙渊发动叛乱。司马懿率领的曹魏大军，长趋四千余里，远赴辽东，征讨叛逆背反、自立为王的辽东太守公孙渊。

当初，司马懿到达襄平之前，梦见魏明帝的头枕在他的膝盖上，对他说："你看看我的脸。"司马懿低头看去，与平常的面孔不一样，觉得很厌恶。在班师之前，魏明帝命令司马懿回军之后镇守关中。司马懿率军来到白屋，皇帝又召司马懿回京，三日之内，连接五道圣旨。皇帝亲笔写道："我时刻盼你来到，你来到京城，可破门而入，与我见一面。"司马懿感到有些恐惧，于是乘快车日夜兼行，从白屋至京城四百余里，一夜便赶到。司马懿被引入嘉福殿卧室，来到床前，泪流满面，问候明帝的病情，明帝拉住他的手，眼睛看着齐王曹芳，对司马懿说："我把后事托付给你。死亡前的痛苦令人难以忍受，我所以忍受痛苦不死，是等见你一面，现在见了面，我没有遗憾了。"司马懿和大将军曹爽接受遗嘱，辅佐少年主子。

齐王曹芳登上帝位，升司马懿为侍中、持节、都督中外诸军事、录尚书事，与曹爽各自统领三千人，共同处理朝廷政事，轮流在殿中值班，乘车出入。曹爽企图大权独揽，让尚书的奏章先交给自己，再由他向天子汇报，于是把司马懿改任为大司马。朝臣认为，以前几任大司马都死在任上，很不吉利，便任司马懿为太傅，上殿不必屈身小步，拜见天子可以不报姓名，可以带剑上殿，和西汉萧何的待遇一样；丧葬嫁娶的费用都由朝廷拨给，任他的儿子司马师为散骑常侍，子弟三人封为列侯，四人为骑都尉。司马懿坚持推辞对子弟的封官。

正始元年春正月，东倭国遣使远道来向朝廷进贡，西域的焉耆、危须等国，弱水以南的鲜卑等王，都派遣使者来进贡。皇帝以为这是辅佐大臣的治国之功，又给司马懿增加了封地。

当初，魏明帝喜好修建宫殿，且都设计豪华，弄得老百姓苦不堪言。司马懿征辽东回来时，还有一万多人在修建宫殿，各种雕饰物，动不动就数千件。这时，司马懿请求停止修建，节省费用，发展农业，天下百姓莫不欣然悦服。

正始二年夏五月，吴国将领全琮进攻芍陂，朱然、孙伦围困樊城，诸葛瑾、步骘骚扰柤中，司马懿请求率兵征伐。朝廷的官员们认为，敌人远道而来围困樊城，短时间攻不下。敌人攻城受挫，自然瓦解，所以应该用这种策略对付来犯的敌人。司马懿驳斥说："边境的城池被敌人围困，大臣安坐在朝廷上无所作为，这样边境地区政局会不稳，边民会对朝廷产生怀疑，这是国家的一大忧患。"

这年六月，司马懿统率诸军南征，皇帝亲自送出津阳门外。司马懿鉴于南方又热又潮湿，不宜打持久战，便派出轻骑兵向敌人挑战，吴将朱然不敢贸然出击。于是，司马懿下令诸军休整，挑选精锐兵将，选拔登城先锋，严肃军令，作出强攻的态势。吴军连夜逃走，司马懿率兵追至三州口，杀死、俘获敌军万余人，缴获了敌人的舟船及其他军用物资，然后班师回朝。皇帝派侍中常侍到宛城进行慰劳。

秋天七月，朝廷给司马懿增加郾师、临颍为封地，加上以前四县，

计有民户四万。他的子弟十一人都封为列侯。司马懿功勋越来越大，却更加谦虚谨慎。因为太常官常林是他的乡里有声望的长者，司马懿每次见到常林，必然施礼下拜。他经常告戒子弟们："事物太盛，是有道德的大忌，天地四时尚且有转换，我有什么大德能配这样的荣耀！所以一再自我贬损，这样也许会免于祸患。"

正始四年秋九月，司马懿统率诸军进击诸葛恪，皇帝亲自送至津阳门外。大军驻扎在舒城，诸葛恪焚烧积蓄，弃城逃走。

第二年，司马懿从淮南至京，皇帝派使者慰劳军队。尚书邓飏、李胜想让曹爽建立功勋，劝曹爽率兵征伐蜀国。司马懿力加劝阻，曹爽不听，结果无功而回。

正始六年秋八月，曹爽撤销了中垒中坚营，撤下来的士兵归他弟弟中领军曹羲指挥。司马懿认为，中垒中坚营是魏明帝旧有的建制，劝说不要撤销，但未被采纳。这年冬天十二月，皇帝授命司马懿，朝会时可以乘轿上殿。正始八年夏四月，司马懿的夫人张氏逝世。

曹爽用何晏、邓飏、丁谧等人的计谋，把太后迁往永宁宫，垂帘听政，曹爽等专擅政事，曹爽的兄弟统领卫戍部队，利用亲族，结党营私，变乱法度。司马懿没法禁止，于是和曹爽产生矛盾。

这年五月，司马懿称病，不过问政事。当时京城的人编了一句顺口溜："何、邓、丁，乱京城。"

正始九年春三月，管理后宫的黄门张当，私自把后宫宫女石英等十一人送给曹爽充当乐伎。曹爽、何晏以为皇帝病情日重，于是产生篡位的野心，他们和张当密谋策划，篡夺政权，并且定好了起事的日期。司马懿也暗中准备，曹爽的党羽也怀疑司马懿将有什么举动。这时河南尹李胜将要赴荆州上任，来问候司马懿。司马懿装做病重，骗过了李胜。李胜告辞出来，对曹爽说："司马先生已经是形尸走肉，不省人事，不必担心了。"过了几天，李胜又对曹爽说："太傅司马先生再也恢复不了健康，真让人悲伤。"因此曹爽对司马懿也就不戒备了。

嘉平元年春正月甲午，皇帝拜谒高平祖陵，曹爽兄弟跟随。这一天夜里太白星向月亮滑去，司马懿便奏准永宁太后，下令把曹爽兄弟废黜。当时魏景帝为中护军，领兵屯驻司马门。司马懿率兵列阵于宫外，经过曹爽的府门。

曹爽的帐下督严世登上门楼，拿起弓箭要射司马懿，孙谦把他拉住，说："将来的局面还不知是怎么样呢！"三次要射，都被孙拉住他的胳膊，射不出去。大司农桓范投奔曹爽，蒋济对司马懿说："智囊人物去了。"司马懿说："曹爽与桓范，内心不和，曹爽的智力不及桓范，但老马贪恋几口草料，桓范必不被重用。"于是司马懿把大将军的权力交给司徒高柔，行使大将军的权力，统率曹爽原来的兵众，并对高柔说："你就是西汉周勃那样的人物。"又令太仆王观代理中领军，统领曹羲原来的兵众。

司马懿亲自率领太尉蒋济等人，带兵去迎接皇帝，屯军于洛水浮桥之旁，向皇帝上奏："先帝在病重的时候，把陛下您、秦王和我召到床前，拉着我的手说：'我深深为身后的安排顾虑。'现在大将军曹爽违背先帝遗嘱，变乱国法，在朝廷内部越格行事，在朝廷外部，专权独裁。重要官职，都安排他的亲信，原来保卫皇帝的可靠将领，都被他罢斥。在朝廷形成盘根错节的势力网，因此胡作非为，越来越不像话。又任用黄门张当为都监，打通内外关系，伺机夺取政权。因此天下人心汹

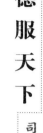

洶，人人惴惴不安。他把陛下您当作傀儡，这样的局面怎能维持长久？这也根本违背了先帝的病床前遗嘱的本意。我虽然老朽，哪里敢忘掉先帝的遗言？秦国的赵高得意，秦国因此灭亡；西汉时的吕氏、霍光专权，幸亏早被消灭，汉朝的天下才得以长期延续。这是陛下您的前车之鉴，也正是我臣子的效命之时。公卿大臣都认为曹爽有篡权野心，他的弟兄都不应领兵和负责保卫皇帝。我奏请皇太后，皇太后批准，按奏本行事。于是我命令主管官员及黄门令，收回曹爽、曹羲、曹训的兵权，让他们以本来的官爵回到家中。如敢劫持天子，以军法从事。于是我拖着病体带兵至洛水浮桥，以应付非常的情况。"

曹爽把司马懿的奏本扣住不发，并把皇帝劫持在伊水之南，砍伐树木，阻挡道路，派兵数千人守在周围。这时桓范果然劝曹爽把天子劫持到许昌，然后发布文书，征召天下的兵员。曹爽不理睬他的建议，而连夜派侍中许允、尚书陈泰来到皇帝身边，观察动静。皇帝对二人数说曹爽的错误，看样子只不过是免官了事。

陈泰等向曹爽回报，劝曹爽把司马懿的奏本交给皇帝。皇帝又派遣曹爽所信任的殿中校尉尹大目告戒曹爽，让他指洛水发誓，绝不篡权，曹爽相信皇帝不会害他。桓范等人列举古今事例，千方百计劝曹爽废帝自立。曹爽最终还是不听，并说："司马懿正想夺掉我的兵权，我还可以以列侯的身份回家，至少还能当个富家翁。"桓范捶胸顿足地说："为了你，会灭我全族！"于是曹爽把司马懿的奏本送上。

过了不久，有关官员弹劾黄门张当，并责令曹爽、何晏等人坦白交待，于是把曹爽弟兄和他的党羽何晏、丁谧、邓飏、毕轨、李胜、桓范等人逮捕杀掉。蒋济劝司马懿："曹真有功劳，给他留条根吧！"司马懿不听。

司马炎像

在此之前，曹爽的司马鲁芝、主簿杨综从外地一路千辛万苦来投奔他。在曹爽准备妥协之时，鲁芝、杨综流着眼泪苦劝他："您现在所处的是伊尹、周公的位置，操纵皇帝，凭借皇威，谁敢不服从！但你却要放弃这种权力而被押上断头台，真令人痛心！"曹爽被杀，鲁芝、杨综也被逮捕，准备按罪处治，司马懿赦免了他们，说道："这也是对忠心事君的人的一种鼓励。"

虽然曹爽死了，但在形式上曹魏仍然维持着统治，这种局面持续了十六七年。形成这种的局面的原因是，在曹氏统治的几十年内，朝里朝外忠于曹魏的势力还相当强大。在司马懿与曹爽的斗争中，司马懿也是尽量抓住曹爽的缺点，把自己假扮成一个受明帝托孤的元老忠臣。所以，当时很多曹氏的忠臣也是支持司马氏。从表面上来看，这些人看到的只是有很多缺点的曹爽和忠贞的司马懿。但要想取代曹魏政权，司马氏必须建立起自己的威信，并对那些统治阶级中曹魏的忠臣进行清除。

这年二月，皇帝任命司马懿为丞相，并将颍川郡的繁昌、鄢陵、新汲、父城等县划为他的封地，另外加上之前的八县，所以归他管辖的民户共二万余家，并且允许他向皇帝奏事时不用行自报家门之礼。但司马懿坚持不任丞相一职。

十二月，皇帝又赐给司马懿作为臣子的最高礼遇，上朝时可以不参拜皇帝。司马懿辞去最高礼遇。

嘉平二年春正月，皇帝批准司马懿在洛阳建立祖庙，并为他设置左右长史，手下增加工作人员四人，每年可推荐他的属官一人任御史、一人为秀才，增加仪仗骑兵一百人，仪仗乐手十四人，封他的儿子司马肜为平乐亭侯、司马伦为安乐亭侯。司马懿声称身体久病，不能上朝，所以每有朝政大事，皇帝亲自到他家里征求意见。

兖州刺史令狐愚、太尉王凌和司马懿分道扬镳，密谋立楚王曹彪为皇帝。

嘉平三年春正月，王凌假称吴国派人拦断了涂水，请求朝廷发兵征讨。司马懿暗中得知这是个圈套，所以不准发兵。

夏天四月，司马懿亲自率主力部队，乘船自黄河顺流而下，九天便到达甘城。王凌无计可施，才不得不到武丘去迎接，自上绑绳，来到黄河边上，对司马懿说："我王凌如果有罪，您写个便条把我叫去，何必您亲自来呢！"司马懿不无嘲讽地说："那是因为你不是用便条可以请去的客人啊！"随即把王凌押解回京城。中途路过贾逵庙，王凌对庙喊道："贾先生！我王凌是大魏国的忠臣，你有神灵，一定了解我。"来到项城，王凌喝毒药而死。司马懿逮捕了他的党羽，都灭门三族，把曹彪也杀掉。并把魏国的宗室诸王都囚禁在邺城，派人严加看守，互相不许接触。

皇帝派侍中韦诞带着符节去五池慰劳司马懿统率之军。司马懿从甘城回到京师，皇帝又派兼任大鸿胪、太仆庾嶷带着符节，任命司马懿为相国，封为安平郡公，他的孙子和侄儿各一人封为列侯，前后的封地加起来，共有五万户，亲属封列侯的有十九人。司马懿谦虚推让，不接受相国和郡公的封赠。

这年六月，司马懿病重，梦见贾逵、王凌来索命，心里非常厌恶。秋季八月戊寅这一天，司马懿病死在京城洛阳，活了73岁。皇帝身穿孝服来吊唁，丧葬的仪礼规格按照汉朝霍光的成例，追赠他为相国、郡公。他的弟弟司马孚上书称，应尊重他在世时的意愿，辞去郡公和丧葬用的车。

九月庚申这一天，把司马懿埋葬在河阴，赠谥号为"文"，后来改谥"宣文"。司马懿在临死之前，预先对后事作了安排，在首阳山上土葬，不起坟头，不立碑，作了《顾命》三篇，寿衣按当时的习俗置办，不随葬礼器，后死的遗孀不得与他合葬。一切都按他的遗嘱办事。晋朝建立之初，追尊他为"宣王"。晋武帝夺取魏政权，加尊号称他为"宣皇帝"，他的陵墓称为高原，庙号为高祖。

可见，司马懿一直都能够冷静的等待机遇，等待最佳的时机。在剪除曹爽的事情上，司马懿一直都在忍耐，等待着最佳时机的到来，因为，只有在时机来到的时候，才能够一击而中。司马懿身为曹魏的辅政大臣，在其生命的后期，在曹魏政权中，已经是一人之下，万人之上，但是司马懿除了安插自己的势力之外，从没有做过僭越的事情。司马懿不能说没有野心，只能说时机还没到来。最终经过司马氏三代的经营，司马炎才能够最终抓住机遇，登基称帝。

从上面的故事我们可以发现，忍让是人类生活所需要的一个必要品质。即使是英雄，在他出头之前，凡事都是需要忍的。忍让看起来简单，但它也是道德和智能的体现。只要你认为忍是真善美的体现，那么

你在忍让时就不会感觉痛苦，也不会感觉累。所以，忍不仅是一个人生存必要能力，也是能屈能伸的大丈夫本色的体现。

既然忍让这么重要，那我们应怎样去忍呢？那就是要有一颗会弯曲的心和学会做人的艺术。纵然是山路也有十八弯，水路十八盘，所以人生之路中充满荆棘坎坷也是必然的。既然我们懂得了这个道理，那么在人生旅途中我们不仅要有要有挑战困难的决心，更要懂得"弯曲"。

有这样一对夫妇，因为各种原因，他们准备离婚。其实这对夫妇发自内心还是不想分手的，所以还想给对方一次机会。于是二人决定做一次浪漫之旅。只要能在这次旅途中找到昔日的感情，就继续生活，否则就分手。

在旅途中，他们来到一条东西走向的山谷，与其他山谷相比，它没有什么特别之处，但还是有些与众不同的地方，那就是它的南坡长满了松柏，而北坡只有雪松。

这时，雪花开始漫天飞舞。他们搭起帐篷。看着鹅毛般的大雪，由于风向的原因，他们发现北坡的雪总是比南坡的雪下得大。仅过了一会儿，雪松上就落满了厚厚的一层雪，但当雪积到一定的厚度时，雪松的枝丫就会向下弯曲，直到雪从枝上滑落。这样循环往复，雪松完好无损。但其他的树，却没有适时弯曲，所以树枝被压断了。而南坡雪比较小，很多树都能挺过来，所以南坡除了雪松，还有柏树等。

在帐篷中看到这一现象的妻子对丈夫说："北坡肯定也长过别的树种，只是因为不会弯曲才被大雪压毁了。"丈夫觉得妻子说的很有道理。片刻间，两人似乎是突然明白了什么，紧紧相拥。丈夫高兴地说："我们明白一个道理，那就是应尽可能地去承受外界的压力，在承受不了的时候，弯曲一下，就像雪松一样让一步，只有这样，我们才不被压垮。"

不论是大自然中的树还是生活中的人都是如此。"弯曲"并不是倒下和毁灭，顺应和忍耐。而在生活中，弯曲的艺术体现就是忍让。

在人生旅途中能够懂得弯曲并敢于弯曲，这不仅是一种本领，更是一种境界。曾经有这样一个小故事，两个被冤枉的人被关在同一所监狱。在牢房中，一个看到透过窗口看到了明亮的星星，而另一个只看到四周的高墙。看到了星星如同看到了希望，所以这个人默默忍受痛苦。但只看到高墙的人因为过不了自己的心理这一关，悲哀夹杂痛苦，最后上吊自杀了。在十年之后，真相大白，乐观的人被洗掉了冤屈，重新获得了自由。但那悲观者早已命归黄泉。所以，生活中能屈能伸的才是真正的大丈夫。这种弯曲不是见风使舵、奴颜婢膝、媚上欺下的代名词，而是另一种意义的人格和超脱。

懂得弯曲，是为了有所回转，就像弹簧，被挤压、弯曲是为了弹得更高。其实，适当的弯曲是理智的体现。弯曲不是妥协、不是倒下、更不是毁灭，而是战胜困难的一种理智的忍让。它可以使人更好、更坚定地站立，让生命锻炼得更坚强。所以，在生活中，任何人都应当学会适时保持一种谦卑的低姿态，谦卑不是懦弱与无能的表现，而体现的是一种为人处事的智慧。

其实在生活中，真正触及大原则的事情不多，而矛盾和纠葛往往是生活琐事造成的。所以，我们更应该大度、谦逊、忍让。忍不是表面的忍气吞声，而是一种责任和担当；忍不是目的，而是手段。在忍时我们

第一章 司马炎对你说机遇

应适当糊涂，如果总是斤斤计较，根本不可能做到忍。所以忍之一字，蕴含很多的道理。卧薪尝胆，三千越军可吞吴；韩信甘忍胯下之辱，不愿争一时之短长，而终成盖世之功业。这种忍不是屈服，不是投降，而是退让后以便更大地进取；这种忍也不是逆来顺受，而是委屈求全以便我行我素。所以，忍让很重要。

虽然忍让是重要的，但并不是盲目的和无限度的。在做出忍让决定时，一定要冷静地考量情势，要明白自己的决定所造成的后果。

无论何时，有志之士有应该避免冲动。只要忍让能阻止不必要的冲突，那么这样的忍让永远是值得的；但是，如果一意孤行、孤注一掷、不考虑后果，非但不能化解危机，还会带来更大的灾难。

生活在这个世界上，需要我们忍让的人和事数不胜数，但引诱我们冲动的人和事也为数不少。所以，时刻培养控制情绪感情的能力是我们必须要做的努力。在我们做出决定或决策的时候千万不能被情绪或感情所左右，要根据事情的原委和需要做出判断，最重要的是要永远记住自己的目标。另外，我们还应该知道，在大千世界中，机会本身并不多，而自己可以争取的机会更是很少，所以如果想成功，不但要把握自己所拥有的机会，更要设法抢夺别人的机会。

人生在世一定要记住，忍耐是必需的素养和品质，它不仅会给你带来快乐，更会带来机会和成功。

在人生的道路上，锋芒毕露不是获取成功的最好做法。我们在过度展现自己优点的同时，也向敌人暴露了太多的缺点。所以，我们一定要学会用自己的优势打击敌人，只有这样，才能在人生的战场上出其不意，打败对手，获得成功。一旦在最初就让对手对自己了如指掌，在交手之时便没有了回旋的余地，只能任人宰割。所以只有放低姿态，藏锋芒于背后，才能韬光养晦，抓住机遇，厚积薄发，进而一举击败对手，大获全胜。

机遇偏爱有准备的人

每个人的一生中都能够遇到机遇，但是却有些人借着机遇，创造了辉煌的人生，有的人却与机遇擦肩而过，一生默默无闻。究其根本区别，就在于，机遇偏爱有准备的人。人生中，机遇常在，但是它只垂青于有眼光、有冒险精神、能够勇于直面危险的人。所以，在我们的人生发展中，在机遇来临之前，要做好充分的准备。下面，我们看一下司马炎是如何抓住历史机遇，成为开国皇帝的。

晋武帝司马炎（236—290），字安世，河内温县（今河南省温县西南）人。他是晋文帝司马昭的长子。幼年事迹记载的很少。他出生之年是魏明帝曹叡青龙四年（236年），他的祖父司马懿正以抚军大将军身份，同中军大将军曹真、镇军大将军陈群和征东大将军曹休等受魏文帝曹丕遗诏辅政（至该年曹真、陈群、曹休都先后死去）。他的父亲司马昭时也侍魏，魏明帝景初二年（238年）被封为新城乡侯，当时司马炎两岁。

魏邵陵厉公曹芳嘉平中年（大约是251年），司马炎约15岁，就受封北平亭侯，以后又做过给事中、车都尉、中垒将军、散骑常侍，直至以中

第一章　司马炎对你说机遇

021

抚军身份受命去邺城迎常道乡公曹璜（即魏元帝曹奂），年不过24岁。可见司马炎很早就参与了曹魏朝廷政事，未及弱冠，便已身受要职。

以中抚军身份受命去邺城迎常道乡公曹璜（魏高贵乡公曹髦甘露四年，260年），可能是史有明载的第一次他具体承负的朝廷政事。

魏元帝咸熙元年（264年），司马昭已升为晋王，其父舞阳文宣侯司马懿被追命为晋宣王，其兄忠武侯司马师被追命为景王。这一年八月，中抚军司马炎被任命副二相国，九月，被任命为抚军大将军。十月，司马炎被父王司马昭立为世子。

魏元帝咸熙二年（265年）五月，魏元帝曹奂加晋王司马昭"皆如帝者之仪"的殊礼，晋王妃曰王后，司马炎旋由世子命曰太子。这一年八月，魏相国、晋王司马昭去世，副二相国、太子司马炎嗣为相国、晋王。

咸熙二年十二月壬戌，魏元帝曹奂"禅位"于司马炎，司马炎登基开元，史称晋武帝。司马炎时年29岁。

史载司马昭有九个儿子，长子为司马炎，次子为司马攸。景王司马师无后，司马昭把次子司马攸过继其兄司马师为嗣。司马昭在两个儿子当中更喜爱司马攸，经常说："天下者，景王之天下也，吾摄居相位，百年之后，大业宜归攸。"

显然，在司马炎和其弟司马攸之间，存在着一场谁可得嗣晋王之位的明争暗斗。这在父位子袭的封建社会是"司空见惯浑然事"。按封建制的立嗣常规，父位当由长子继承，但也不是绝对的，为父者亦可根据自己对儿子们的才能、习性的考察，依凭自己的判断，来选定继位者。司马昭喜爱次子司马攸，无疑会使长子司马炎嗣位的希望落空。

史载司马炎"立发委地，手垂过膝"，这无外乎是所谓"帝王之相"的陈词滥调，不可能是实际情形，我们也无从考证其真伪。

可能的实际情形是，司马炎在嗣位相争之中不会甘心顺之，他一定也是绞尽脑汁，殚精竭虑地欲击败处于优势的对手。

他曾问裴秀曰："人有相否？"并把自己可能稍长于常人的头发、手臂示给裴秀看，使裴秀认定他有"帝王之相"而归心于他，为他得嗣晋王而出力。

羊琇同裴秀一样，当时也是晋王司马昭身边的近臣，羊琇因与司马炎关系亲密，所以常为司马炎出谋划策。平时注意观察时政变化，掌握官场逢迎退避之机，让司马炎提前记在心中，以备晋王司马昭询问察访。

司马炎与山涛也关系密切。晋王司马昭打算立司马攸为世子时，山涛就劝谏说："废长立少，违礼不详。"司马昭的心腹为司马氏"受禅"于魏立过大功的贾充也说："中抚军（指司马炎）有君人之德，不可易也。"何曾、裴秀则异口同声对司马昭说："中抚军聪明神武，有超世之才，人望既茂，天表如此，固非人臣之相也。"

贾充、何曾、裴秀、山涛、羊琇这些人后来都成为晋武帝司马炎的朝中重臣。在这些人的游说、劝谏下，司马昭才改变了主意，没有立司马攸嗣后。

司马攸，字大猷，孩提时代多奇好问。成人之后，性格清和平允，他喜欢接近贤明之士、施舍困窘之人；爱读书，能写文章，尤其擅长写书信，成为当时的人们所仰望、仿效的人。他的才华和名望都比他的胞兄司马炎高，所以深得祖父司马懿的器重。他曾跟随祖、父辈征伐欲废魏帝曹芳、立楚王曹彪而起事的车骑将军王凌，可见司马攸自幼是长于军营的。后被封长乐亭侯。

魏高贵乡公曹髦正元二年（255年），司马师病故，司马攸年方十岁（依此推断，司马攸大约生于魏邵陵厉公曹芳正始七年或六年，即246年或245年。古人多以虚岁计龄，那么，也许246年更准确。）却悲哀难抑，令左右之人皆感动，大加赞叹。司马师死后，司马攸袭封舞阳忠武侯。他敬奉伯母景献羊后于别的宅邸，以孝悌闻名遐迩。

待生父司马昭去世，司马攸跪哭过哀，以至要扶着柱杖才能站起来。手下的人在稻米干饭里拌上调理身体的中药丸端给他，以调治他哀伤过度的身体，他哭着不肯吃，祖母得知后劝喻并派人逼着他进饮食，司马稽再晓以理和亲自奉食，他才勉强进食。

司马昭亦非常宠爱司马攸，每次见他总是拍着床叫着他的小名"桃符"，说这就是你的座位，几次想立他为嗣。司马昭在病重时，为司马攸的清和平允而担忧。他把已立为太子的司马炎叫到身边，流着眼泪给司马炎讲叙西汉淮南王、魏陈思王的故事。淮南王名刘长，是汉高祖刘邦的儿子。汉文帝刘恒即皇位后，刘长心怀不满，不但骄横不法，而且藏匿亡命之徒图谋反叛，结果在汉文帝即位六年事发被拘，谪徙处地，途中绝食而死。魏陈思王曹植，因与其兄魏文帝曹丕在继位事上有嫌，曹丕称帝后更忌曹植之才，屡屡相逼，最后是在母后的求情下才免曹植一死，将其远徙外地，致使曹植在郁闷中死去。

司马昭对司马炎讲述这两个故事，显然是担心司马炎难容曾与其有过立嗣之争的司马攸。临死之前，司马昭还拉着司马攸的手，把他托付给司马炎，用意更是明白。

母后对此同样深感忧虑，临死之前她亦流着泪对司马炎说："桃符性急，而汝为兄不慈，我若遂不起，恐必不能相容。以是嘱汝，勿忘我言。"

司马炎即位后，封司马攸为齐王。晋国初创，司马攸总领军事，抚安内外，没有不敬仰归附的。

在王储之争中，司马攸明显的占有优势，司马昭的偏爱明显在司马攸身上，这对于司马炎是很不利的。但是在王储这个机遇面前司马炎做足了准备，他能够将司马昭身边信任的大臣都动员起来为自己所用，为了自己的献言献策。而司马攸虽然占据优势，但是丝毫不懂得为机遇做准备，最终司马炎能够胜过司马攸，取得王储之位。司马炎在王储之争中获得胜利，足见为机遇做准备的重要性。

这不禁让我们想起"蜘蛛精神"，所谓"蜘蛛精神"就是蜘蛛为了达到捕获猎物的目的，先织好网，然后等待猎物到来，也就是把成功的机会掌握在自己的手上。

还有一个故事，讲的是有一位老教授，退休后，他巡回拜访偏远山区的学校，并与当地的老师分享教学经验。因为老教授和蔼可亲并且非常有爱心，所以深受老师和学生的欢迎。

有一次，当他结束在山区某学校的拜访行程，打算赶赴别处时，许多学生依依不舍。在这种情形下，老教授很是感动，于是马上答应学生，下次再来时，如果谁能将自己的桌椅收拾整洁，他就送给这个学生一件神秘礼物。

所以在老教授离开后，每到星期三早上，所有学生都会把自己的桌椅收拾干净，因为星期三是每个月教授例行前来拜访的日子，只是不确定教授会在哪一个星期三来。

但是有一个学生的想法和其他学生不一样，由于他特别想得到教授

第一章

司马炎对你说机遇

的礼物作纪念，生怕教授会在星期三以外的日子突然带着神秘礼物来，所以每天早上他都把自己的桌椅收拾干净。

由于小孩子调皮，往往上午收拾干净的桌椅，下午就乱作一团，但这个学生又担心教授会在下午来，所以在下午又收拾一次。由于乱得比较快，即使教授一个小时后出现在教室，也可能看到他的桌椅凌乱不堪，所以他决定每个小时收拾一次。

但他后来想了想，如果教授随时来访，仍有可能看到他的桌椅不整洁，最后小学生终于明白了，他必须时刻保持自己桌椅的整洁，只有这样，才能随时欢迎教授的光临。

结果可想而知，虽然老教授并没有带着神秘的礼物出现，但这个小学生已经得到了另一份奇特的礼物。

如果你想成功，就要为它创造条件。许多人终其一生，都在等待一个足以令他神往的机会，但事实上，机会无处不在。其实最为关键是任何人都应该时刻保持心灵桌椅的整洁，这能够为把握机遇做好充分的准备。

另外，如果你希望自己成大事，就要为它创造条件。

这就是成大事者。只有不断播种，才能在自己的生活中取得成功。正所谓"种瓜得瓜，种豆得豆"、"一分耕耘，一分收获"。如果你想体会收获的喜悦，就不要徒羡别人的机遇，更不要无所事事。如果你想将来有所收获，那么从现在开始就播种、耕耘吧。古语云："临渊羡鱼，不如退而结网。"所以，"蜘蛛精神"不可或缺。

当然，要想抓住机遇，首先必须发现机遇。机遇在生活中处处存在。社会活动、报刊文章、人际交往、生活转折、工作得失等，都会给人带来新的感受、新的信息、并可能结交新的朋友。所以这都是机遇。每次选择、每次经历都可能成为引导你成为成大事者的契机，关键看你是否具备发现机遇的眼睛、是否具有把握机遇的素质。千万不要认为机遇难寻，其实机遇就在我们的身边，甚至就在我们的手上。所以最需要我们做的就是为机遇做好准备，以迎接机遇的到来。

该出手时就出手

叔本华曾经说过：机遇之神以无与伦比的技巧向我们表明，它的恩惠和仁慈相比，任何才华能力都是无用的。机遇的重要性使得我们在面对机遇的时候，一定要尽自己一切努力抓住机遇，只有能够抓住机遇，才能够获得人生的成功。

司马炎称帝，可以说经过了一个漫长的准备时期。这个时期要自司马懿开始说起，我们知道，当年魏明帝临终托孤，司马懿和大将军曹爽争权，正是司马氏的势力不断扩展的时期，直到司马炎时候，时机才成熟，司马炎抓住机遇，走向了司马氏家族的辉煌之巅。

司马懿死后，子承父业，他的长子司马师接替了司马懿的职位，为抚军大将军、录尚书事。不久之后，司马师升职为大将军。在嘉平六年，司马师杀中书令李丰、太常夏侯玄、光禄大夫张缉。李丰在中书两年期间，魏少帝常常召见他。司马师问李丰皇帝对他说了些什么，李丰并没有告诉他。所以司马师大怒，以刀镮打杀李丰。杀夏侯玄则是因为

他与曹爽是姑表兄弟，而张缉是魏少帝皇后的父亲。三人都与曹魏的关系密切。同年，司马师逼皇太后废了魏少帝，另立曹髦为帝。曹髦是曹丕的孙子，东海王霖的儿子，当时只有14岁，改元正元，也就是公元254年。在公元255年，镇东将军毌丘俭、扬州刺史文钦于寿春起兵，共同讨伐司马师。不久，两人战败，毌丘俭被杀，夷三族；文钦则南奔，降吴。平定毌丘俭后不久，司马师在许都病死。

司马师死后，司马昭接替，代为大将军，录尚书事。在公元257年，征东大将军诸葛诞造反。司马昭挟持皇帝曹髦东征，围寿春，寿春被占领后，诸葛诞被杀。从此之后，忠于曹魏的内外势力大体被司马氏清除干净。不仅满朝大臣大都拥护司马氏，就连宫内近臣和宫中卫士也多半成了司马氏的心腹，所以曹魏大势已经一去不复返了。

在做了六年的傀儡皇帝后，曹髦终于忍不下去了，在公元260年4月，曹髦决定与司马昭做最后一搏。他对近臣侍中王沈、尚书王经、散骑常侍王业说："司马昭的心思，大家都知道。我不能再受如此侮辱，现在大家就同我一块儿去讨伐他吧。"尚书王经听后，赶忙劝阻说："现在由司马昭掌握大权，并且已经很长时间了，朝廷都是他的心腹，这也不是一天两天的事情了。况且现在部队人数不多，而且兵士和武器都不能担当重任，陛下您靠什么去反抗司马昭呢？一旦您起兵反抗，难以预料后果，还是再好好考虑考虑吧。"当时的曹髦也是年轻气盛，从怀里取出讨伐诏书扔在地上说："我已经决定了。即使是死，我也不怕！更何况根本不可能死。"于是曹髦入宫把自己的决定禀告给了皇太后，当时王沈与王业也在场，作为司马昭的心腹，他们赶快跑去告诉司马昭，要他早做准备。在禀告皇太后后，曹髦拔剑登车，率领殿中宿卫，宫中奴隶数百人，大声出动。曹髦先是遇到了司马昭的弟弟屯骑校尉司马伷。司马伷的部下看见是皇帝，所以不敢犯驾，一哄而散。很快，曹髦又遇到贾充，贾充是司马氏的死党，他的军队看见是皇帝，也想跑。这时候，有个叫成济的人问贾充："现在事情紧急，应该怎么办呢？"贾充听后说，"司马公平日善待你们，就是为了今天。今天这事还有什么好说的。"听贾充这么一说，成济赶上去一枪，就把曹髦刺死在了车上。

司马昭很快就听到了这个消息。听说成济杀了皇帝，司马昭连忙赶到朝堂上，召集大臣们商量。司马昭问老臣陈泰："您说，现在我该怎么办？"

陈泰建议说："只有斩了贾充的头，才能向天下交代。"

听陈泰这么说，司马昭当然不同意，就又问陈泰："还有没有别的办法？"陈泰严肃地说："这是最轻的办法了。"听陈泰这么一说，司马昭就不吱声了。

最初，司马昭想不了了之，他用太后的名义下了一道诏书，给曹髦加上很多罪状，把他废作平民，企图把曹髦被杀的事掩盖过去。但是群臣依旧议论纷纷，责问司马昭为什么不惩办凶手。司马昭没办法，只好把罪责全推给了成济，把成济定了一个大逆不道的罪，满门抄斩了。

随后，司马昭立曹操的孙子、燕王宇的儿子、15岁的曹奂为帝，也就是魏元帝，改元景元即公元260年。自此，司马氏要实现改朝换代，就剩下对外树立威严了，所以灭蜀与灭吴也就自动提到日程上来。

景元四年也就是公元263年，司马昭令邓艾、钟会、诸葛绪率三路大军进攻蜀国。蜀国将领姜维率兵退至剑阁。邓艾在阴平（今甘肃文县西北）想和诸葛绪联合起来，进攻、占领成都，但诸葛绪不同意，所以与钟会的军队汇合。钟会有谋反之意，所以乘机密告说诸葛绪畏惧不前，把他押回洛阳治罪，诸葛绪的军队归钟会指挥，钟会向姜维发动进攻。

剑阁素有"一夫当关，万夫莫开"之称，所以姜维能够凭险据守，钟会久攻不下。在无计可施，邓艾向钟会他提出建议说："我们应该避开剑阁，越过阴平小道，直攻涪城（今四川绵阳东），进攻蜀国的心腹。"钟会同意了他的建议。于是，邓艾率军偷越阴平。他们在荒无人烟的山区行走了七百多里，一路上披荆斩棘，遇水架桥，遇山凿山，非常艰苦。一次，他们攀上一座高山，看到的都是悬崖峭壁，根本没有下山的路。在邓艾观察一番后，就用数层毛毯把自己裹起来，翻滚而下。将士们看到邓艾此举，非常感动，于是不顾生命危险，攀着树木，沿着悬崖峭壁，从山上下来。在克服了重重困难之后，他们终于通过了阴平。

偷越阴平后，邓艾率军直奔江油（四川江油县）。江油守将马邈开城投降。邓艾接着攻下涪城，进军成都，当时蜀国朝野上下一片混乱，懦弱无能的蜀后主刘禅只能投降。刘禅一面派太仆蒋显带着诏书，命姜维就近向钟会投降；一面派尚书郎李虎，把标有户口二十八万，人口九十四万，武装部队十万二千，政府官吏四万的全国户籍档案，送给邓艾。

邓艾攻占成都后，自恃功高，独断专行，上书司马昭要乘胜攻吴。对于邓艾的此种做法，司马昭很不高兴，于是他让监军卫瓘转告邓艾"任何事情都要先行呈报，不能自作主张，肆意妄为。"收到此诏令后，邓艾仍不罢休，继续上书请战，这样一来，司马昭便猜疑他心有不轨。

钟会嫉妒邓艾的功劳，便借机告邓艾要谋反。司马昭下令逮捕邓艾，押回洛阳。邓艾虽然骄傲专横，其实并无谋反之意。在他被捕时，仰天而叹："我邓艾是个忠臣，想不到竟落得如此下场。"邓艾成为囚犯后，钟会没有了后顾之忧，野心暴露出来。他认为自己功高盖世，又有一些勇猛的将士，谋反必能成功，于是，与姜维密议起兵。景元五年（公元264年）正月十六日，钟会召集全体高级将领，宣称："接到郭太后遗诏，命钟会起兵废黜司马昭。"不料部下不肯作乱，反将钟会、姜维杀死。邓艾手下的将士见钟会谋反被杀，立即追赶邓艾的囚车，准备把邓艾接返成都。卫瑾得到消息，因为自己曾和钟会一起谋害邓艾，害怕邓艾返回成都向他报复。于是，派护军田续等连夜追击邓艾。在绵竹西郊将邓艾、邓忠父子杀死。

灭了蜀国，又除掉了颇有野心的钟会之流，司马氏集团的势力更加强大，威望也进一步提高。以曹奂为首的曹氏势力更加孤单，已经不可能造成多少威胁。于是，争取那些所谓的名士，便成为司马昭的一件大事。

名士们一向依附于曹氏，反对司马氏集团。自从司马氏集团掌握了曹魏的实权后，许多名士仍然采取一种不合作态度，他们由于怕遭杀身之祸，不敢直接反抗。于是，轻蔑礼法、纵酒放达、玩世不恭，企图逃避现实斗争。被称为"竹林七贤"的阮籍、嵇康、山涛、王戎、刘伶、阮咸、向秀即为其代表。在司马昭的分化瓦解和威胁利诱之下，七贤中的阮籍、山涛、向秀等人投靠了司马昭，只有嵇康因与曹魏的宗室联姻，不肯屈从于他。

阮籍在司马懿父子执政期间，做过从事中郎、散骑常侍等官，表

第一章

司马炎对你说机遇

面上与司马氏集团的关系还不错。但实际上，他对司马氏的专权不满，又不敢公开反对，只好不声不响，有时借酒消愁，发泄自己的愤懑。一次，司马昭派人到阮籍的家中说亲，让阮籍的女儿嫁给他儿子司马炎，阮籍不同意，却不敢说，于是，喝得酩酊大醉，一连六十多天不省人事，那个来说亲的人只好回去交差作罢。但这种办法却不能永远使用。景元二年（261年），曹奂再次封司马昭为晋公、相国，司马昭不接受，于是其亲信纷纷劝进，他们找阮籍写劝进表，阮籍不能再用老办法了，只好写了一道，这反映了他政治上的软弱。因他没有公开反对司马氏集团，所以未遭杀身之祸。

山涛在两种势力之间移动，把官位看得比较重。司马昭投其所好，景元二年（261年）任命他为吏部郎。晋时继续做官，保全禄位以终。

只有嵇康公开反对司马氏的专权。嵇康因与魏国宗室谯王曹林的女儿结婚，成为曹家的女婿，对司马氏集团的专权极为不满。对司马氏集团的官员表现出极端的轻蔑。一次，司马昭集团的官员钟会，听说嵇康文才出众，前去拜访。当他骑着肥马赶到嵇康家中时，看见嵇康正在打铁。他装出一副高贵的样子，等着嵇康前去迎接。不想，嵇康只是低头打铁，连瞧都不瞧他。钟会非常恼火，正打算走，嵇康忽然开口问道："何所闻而来，何所见而去？"钟会愤愤地回答说："闻所闻而来，见所见而去。"从此，对嵇康怀恨在心。他还向司马昭进谗言："嵇康好比一条卧龙，千万不能放过他。"

他们寻找一切机会对付嵇康。景元二年（261年）山涛被任命为吏部郎，他举荐嵇康代替自己的职务，结果被嵇康拒绝，而且写了一篇有名的《与山巨源绝交书》，文中说："人伦有礼，朝廷有法，自惟至熟，有必不堪者七，甚不可者二。""必不堪者七"，是表示蔑视虚伪礼教，"甚不可者二"更是公然对抗朝廷法制。所谓"每非汤武而薄周孔"正是揭穿司马氏争夺政权的阴谋。司马昭知道此事后，起了除掉嵇康的念头，于是，由钟会出面，诬告："嵇康曾经打算帮助毋丘俭谋反，而且言论放荡、败坏名教。"司马昭遂将嵇康押到洛阳东市刑场斩首。至此，反对司马氏集团的名士也不存在了。

司马昭在平蜀和争取了名士的支持后，篡位的条件已经成熟，便于景元五年（264年）三月，以皇帝名义给自己进爵为晋王。

为了尽快代魏称帝，司马昭又让魏帝给予特殊待遇，要求封他的王妃为后，世子为太子，此种待遇与皇帝没有任何区别。就在他积极筹备篡位之时，咸熙二年（265年）八月，司马昭忽然中风，病情迅速恶化。不久，便一命呜呼了，终于没当上皇帝。司马昭死后，司马炎继位为相国、晋王。贾充等人劝他仿效曹丕，代魏称帝。

在这一年的十二月，经过精心筹措之后，司马炎仿效曹丕代汉，接受了魏帝曹奂的禅让，封曹奂为陈留王，改国号为晋，魏国遂亡。

曹奂退位时，年仅20岁，司马炎待他不薄，让他安度天年，一直在到56岁，即西晋大安元年（302年）才寿终正寝。追谥为元皇帝。

魏国就这样灭亡了，曹氏父子毕生为之奋斗的事业在一片吹呼声中拱手让给了司马氏。也许是历史开了一个玩笑，曹魏以"禅让"开国，又以"禅让"亡国。曹氏父子的努力没有使其家族千世万世而为君，却为司马氏的短暂统一铺平了道路。

从司马炎的事迹，我们可以看到，在人生中，只有能够抓住机遇，

第一章 司马炎对你说机遇

才能够改变命运走向成功，机遇的重要性使得我们在机遇到来的时候，一定要能够牢牢抓住机遇，否则，错失良机可能造成一生的遗憾。司马炎正是能够抓住机会，才能够走上帝王之位，最终开创一代王国。在司马炎之前，已经有两代人的努力，在司马炎这里，时机已经成熟，所以，司马炎抓住了机遇，走向了成功。

机遇难得，可遇而不可求。关键是你持什么样的态度和采取什么样的行动，是漠视它，让它悄悄溜走？还是积极主动地抓住它？这都是你能否成功的关键点。下面的一个小故事，也印证了这样一个道理。

有一年，一个村庄因洪水而被淹没，一个基督徒无奈地爬上了房顶。当洪水淹到他的脚脖时，一叶小舟漂了过来，他没有上去，祈祷道："上帝，您一定会来救我的！"很快，水没到了他的腰部，一只船经过，船员大声地叫他上去，他拒绝道："上帝会保佑的！"当洪水淹到了他的脖子时，有架救灾的直升飞机在他头上盘旋，他再一次拒绝了："上帝不会不管我的。"最后，他去了天堂，在上帝面前他愤怒不已："你为什么不救我？"上帝答遗："我派了两只船和一架飞机，可你却没抓住，这能怪我吗？"

可见，任何的机遇都不会总是重复出现，机遇到底是不是属于你，就看你有没有选择能力。俗话说：事至两可莫粗心，人到万难须放胆。在难得的机遇面前，如果你不能抓住它，人生的转机可能会就此失去，就会像这位虔诚的基督徒一样。

而成功者，他们懂得如何去给自己创造机会，如何抓住机会，从而在工作、生活中搏击，并活得激情洋溢、轻松自如。机遇对每个人都是公平的，关键是我们是否有把握机遇的能力。"守株待兔"只会与机遇失之交臂，努力争取，机遇就会给你更多的惊喜。

机遇催生动力，得到一个机遇实际上就是得到了一个能够激发工作热情的动力，它使那些目标在胸并对成功充满希望的人干劲更大，业绩更出色，更善于解决问题，更富有创造力，从而获得一个更为圆满的结果。

那么我们如何才能抓住机遇呢？要诚实守信，因为这样你在社会上成功的机会就会增多。还要善于与人相处、与人沟通，这是至关重要的。试想，你是一个孤立无助的人，机遇又怎么特殊照顾你呢？当然，具备广泛的知识面和一定的表达能力，以及独立生存的能力也很必要，因为这是你最基本的能力，没有的话，生活下去都难，别说抓住机遇冲天一飞了。运用我们的知识和头脑，借助于人类文明发展的几千年积淀的经验，将自己放在一个最佳的位置去迎接机遇，抓住机遇发挥出自身的潜力，创造属于自己的成功。

机遇往往垂青于有准备的头脑，所以要做好准备、抓住机遇，千万不要投机取巧。在机遇面前，人人平等。只有做好充足的准备，包括心理在内的各方面准备，在机遇到来时你才会有信心面对和把握。有准备和无准备的人在面对机会时所表现出来的精神面貌是不同的，所以为了避免饱受丧失机遇之苦，还是要做有准备的人。只有这样，才能把握机遇，成就自己的人生。

第一章

司马炎对你说机遇

第二章

司马炎对你说 成功

人们常说"期望什么，得到什么"，期望平庸，就得到平庸，期望伟大，就有可能真的伟大。因此我们一定不能够放弃对成功的追求，只有勇于追求，踏实努力，才能够一步一个脚印地不断向前，铸就属于自己的成功人生。

人生需要目标

人活着就要有目标，否则，整个人就如同没有头的苍蝇，到处乱撞，在生活中处处碰壁。只有拥有目标，人的生活才会充实，心情才会愉悦，日子才会幸福。一旦有了目标，人就会有方向感，少走冤枉路。正因为有了目标，我们的生活才会精彩，日子充满激情。只要有了可以为之奋斗的目标，我们取得成功就会是理所当然的。下面我们从司马炎即位的一个细节中分析这个道理。

魏元帝曹奂景元四年（263年），司马昭灭蜀，完成其父兄未能完成的事业。不久，被封为晋王。

元帝咸熙元年（264年），司马昭听从山涛、贾充、何曾、裴秀等人的意见，立长子司马炎为世子。当时司马炎官拜副相国、抚军大将军。第二年五月，魏帝曹奂给予司马昭特殊礼遇，所用旌旗、车马、乐舞、冕服，皆如皇帝，晋王妃叫后，世子叫太子。后来，司马昭去世，太子司马炎嗣为相国、晋王。

曹奂性格懦弱，大概亦有曹髦的前车之鉴，所以对司马昭言听计从，从无半点违逆之处。史传司马昭属下曾呈表请司马昭行"受禅"之事，司马昭一则因东吴未平，二则也许觉得时机还未成熟，故而未肯"受禅"。这样，曹奂总算做了六年的皇帝。

就在司马昭去世的这个月，有人传说有一个身长三丈多，足长三尺二寸的巨人出现。白发，穿黄色单衣，顶黄色头巾，挂着手杖呼叫说："今当太乎。"

咸熙二年（265年）十一月，魏帝曹奂派太保郑冲奉策给司马炎，策文曰："咨尔晋王：我皇祖有虞氏诞膺灵运，受终于陶唐，亦以命于有夏。惟三后陟配于天，而成用光敷圣德。自慈厥后，天又辑大命于汉。火德既衰，乃眷命我高祖。方轨虞夏四代之明显，我不敢知。惟王乃祖乃父，服膺明哲，辅亮我皇家，勋德光于四海。格尔上下神祇，罔不克顺，地平天成，万邦以乂。应受上帝之命，协皇极之中。肆予一人，祗成天序，以敬授尔位，历数实在尔躬。允执其中，天禄永终。于戏！王其钦顺天命。率循训典，底绥四国，用保天休，无替我二皇之弘烈。"

策文大意无外乎从尧、舜、禹禅让帝位谈起，又谈到魏文帝之受禅，进而赞誉司马氏对魏国的功德，最后说曹魏气数已尽，天意示你晋王须受禅登位，望你顺乎天意，等等。

司马炎开始以礼相让，而魏朝公卿何曾、王沈等人以什么"天降巨人"为晋之祥兆等相请，司马炎乐得顺水推舟，点头应允。

天降巨人，还说什么"今当太平"，这怎么可能？显然是为"受禅"登基而杜撰的一个借口。

隆冬的十二月。文武百官及匈奴南单于等都来到晋王府，恭请晋王司马炎"受禅"。

司马炎头戴冕旒，身着衮衣，在文武百官的簇拥下，乘车直驱洛阳城的南郊。那里高大的受禅坛早已筑就，几万僚属及四夷臣者在敬候。

马蹄哒哒，车轮滚滚，坐在车中的司马炎心中极不平静。透过由于车身颠动而不时掀起的帘幔，他依稀看到远处的田野上正在劳动的农人。虽然还未见春天的气息，可是人们已在为来年的春耕作准备了，农家肥的气味也不时飘进车内。

车速减慢了些，司马炎知道正在通过村镇。他撩起帘幔，百姓早被清道者驱至路边静立，个个面带肃恭，只有不懂事的孩童惊奇地瞪大眼睛，看着这庞大的车马队列行进。突然，司马炎心有感慨，他想到自祖父辅政于魏以来，废除了许多魏文帝时代的繁苛徭税，救苦赈贫，惩恶扶善，虽还谈不上国泰民安，但百姓的生活稳定了许多。所以淮南的三次叛乱以至魏帝曹髦被杀，都没有引起什么波动。如今自己重演汉魏"受禅"的故事，百姓们亦无不稳之态。古之圣贤说得真对呀，得人心者得天下。他想到祖辈父辈们创下的基业将由自己继承和发展，他想到父王临终前还在挂念的渡江平吴，统一全国的大业也落在了自己的肩上……自己能行吗？能！他不由在心中喊了一声。自己刚刚步入而立之年，正年富力强，随父王辅政亦积累了不少治国经验。今天自己依凭祖、父辈之功成为大晋的开国君主，自己定要将大晋的事业传至万代……

正想着，车已至南郊。司马炎下车登坛，早有黄门官捧着皇帝玺绶，敬献于前。司马炎受玺后柴燎告天。

礼毕，还洛阳宫，于太极前殿接受群臣拜贺，发布登位诏书，国号晋，改元泰始。由此，魏元帝咸熙二年也就是晋武帝泰始元年（此时为265年）。

登皇位后的第二天，司马炎即诏遣太仆刘原往告太庙，追尊宣王司马懿为宣皇帝，景王司马师为景皇帝，文王司马昭为文皇帝。又尊王太后为皇太后，封皇叔司马孚等十七人为王。

任命石苞为大司马，郑冲为太傅，王祥为太保，何曾为太尉，贾充为车骑将军，王沈为骠骑将军；其余文武百官都增位晋爵。大晋王朝自此开端。

司马炎在历代帝王史上，算不上一等一的贤明帝王，甚至许多人都会更加关注司马炎晚年的荒淫无道，但是历史是客观的、公正的，我们更应该看到的是司马炎当政期间，大举伐吴，实现了国家统一，休养生息，使得生产得以恢复，出现了一个盛世时局"太康之治"。这一切，都源自于司马炎，这些都是司马炎切切实实的功绩，是司马炎人生中辉煌的一笔。司马炎的成功，源自于自己的一统天下的目标。正是因为有了目标，在司马炎从政之初，能够稳扎稳打，步步为营的建设自己的政权，为了国家的复兴奠定了基础。

司马炎的治国之策告诉我们，生活在这个世界上，很多人碌碌无为一辈子，并没有感受到人生的真正乐趣，往往是因为他们缺乏为之而努力的目标。在生活中，如果一个人没有奋斗目标，那么他的人生一定是失败的；而一旦有了奋斗目标，那么他的人生就会与众不同，有着自己的生活经历，并充满意义。在这个过程中，人们明白了很多事理，那就是什么事该做，什么事不该做，为什么要做，应该怎样做，无论在什么时候遇到这样的问题，都会了然于胸。

纵观古今，我们可以发现一个有目标的人一定会比一个没有目标的人更有作为。虽然所设定的目标不可能完全实现，但成功的概率要大大高于那些没有人生目标的人。所以，有目标很重要，只有这样我们才会有人生的方向。

有这样一个故事，说的是在英国北部，有个小男孩叫约旦，他的父亲是位马术师。约旦从小就跟着父亲东奔西跑，曾经在多个马厩和农场中训练马匹。因为约旦父子经常四处奔波，所以约旦的求学过程并不顺利。上初中时，老师叫全班同学写作文，题目是长大后的愿望。那晚他洋洋洒洒写了七张纸，描述他的伟大志向，那就是拥有一座属于自己的牧马农场，并且仔细画了一张二百亩农场的设计图，上面标有马厩、跑道等，另外，他还设想在这一大片农场中央，建造一栋占地五百平方英尺的巨宅。

两天后当他拿回作文，发现上面打了一个又红又大的F，旁边还写了一行字：下课后来见我。当时满是疑问的他下课后找老师，不解地问："为什么给我不及格？"老师回答道："你这么小就知道做白日梦，你现在还没挣钱，也没什么家庭背景，即使挣钱也不可能有实力去做这件事。你知不知道盖座农场可是个花钱的大工程，无论是买地，还是买纯种马匹都是需要花大钱的，甚至还要花钱照顾它们。"老师接着又说："如果你肯重写一个比较现实的愿望，我会给你打你想要的分数。"约旦回家后反复想了好几次，然后征求父亲的意见。父亲只是告诉他："儿子，这是个非常重要的决定，你必须自己拿主意。"经过再三考虑，几天后，他决定把原稿交回，并且一个字都不改，而且告诉老师："即使你给我打不及格，我也不愿放弃梦想。"

二十多年以后，这位被老师打击的小男孩已经有了自己的农场，而且接待了这位老师和他的三十个学生。在离开之前，老师对如今已是农场主的男孩说："真是惭愧。你上初中时，我曾经否定过你的梦想。但令人高兴的是你有这个毅力坚持自己的目标。"

拿破仑曾说过："一个不想做将军的士兵不是好士兵。"人生必须要有确定的目标，因为目标对于成功来说，正如空气对于生命一样重要。如果没有目标，一个人是不可能取得成功的。"凡事预则立，不预则废"，所以无论是处于哪个年龄段、处于怎样的生活状态的人都需要有一个目标，只有有了目标，才会有拼搏的动力，才能使自己有充足的力量去克服困难、获得成功。

目标是一盏明灯，能照亮属于我们的路程；目标是一个路牌，为迷路的我们指明方向；目标是一方罗盘，导引我们人生的航向；目标是一支火把，牵引我们飞向梦想的天空。法国现实主义作家罗曼·罗兰曾说："人生最可怕的事，就是没有明确的目标。"的确，只有树立目标，才会有成功的希望。否则，人生只会在虚度光阴中度过。

有人曾做过这样一个实验。

组织三组人，让他们分别从十公里以外步行到达一个村子。

第一组的人不知道村庄的名字，也不知道路程有多远，只告诉他们跟着向导走就是。刚走了两三公里，就有人叫苦，走了一半时，有人几乎愤怒了，他们抱怨为什么要走这么远，何时才能走到，甚至有人坐在路边不愿走了，越往后走他们的情绪越低落。

第二组的人知道村庄的名字和路段，但路边没有里程碑，他们只能凭经验估计行程时间和距离。走到一半的时候大多数人就想知道他们已经走了多远，比较有经验的人说："大概走了一半的路程。"于是大家又簇拥着向前走，当走到全程的四分之三时，大家情绪低落，觉得疲惫不堪，而路程似乎还很长，当有人说："快到了。"大家又振作起来加快了步伐。

第三组的人不仅知道村子的名字、路程，而且公路上每一公里就有一块里程碑，人们边走边看里程碑，每缩短一公里大家便有一小阵的快乐。行程中他们用歌声和笑声来消除疲劳，情绪一直很高涨，所以很快就到达了目的地。

当人的行动有明确的目标，并且能不断地对照行动与目标，清楚地知道自己的行进速度和与目标相距的距离时，行动的动机就会得到维持和加强，人就会自觉地克服困难，努力实现目标。

和阿姆斯特朗一同踏上月球的太空英雄奥尔德林在成功地登陆月球后不久就精神崩溃了。许多人对他的遭遇感到困惑不解。因为奥尔德林在登月之前，所走的人生道路一直无比顺畅，事业与家庭也都是春风得意。一个从没有遇到过坎坷的人能崩溃，这的确令人费解。

几年后，奥尔德林在他的一本书上解答了人们的疑问。他说："导致我精神崩溃的原因很简单，因为我一直想着登月计划，只注意了当下要做的事，却忘了登月之后我还要活下去。而对于未来，我没有个明确的目标，所以，一回到地球，我的生活就像在真空中，完全没有了方向，最后导致了精神崩溃的后果。"

奥尔德林的经历告诉我们，明确的目标不仅是行为的指南，而且对维护个人身心稳定也能够发挥积极的作用。人没有目标是很可怕的，没有目标，就像航行过程中没有了航标灯，在前途一片茫然的情况下，不去主动寻找机遇，就不可能走到更远的地方。

目标是年轻人生命中的北极星，是年轻人事业的灯塔，是年轻人前进的动力。因此，在生活中，要想事业成功，就一定要学会在做每件事情之前，先制定目标。这样，你的前途将会无限光明。

在不断追求中确立目标

要想人生有所成就，要想获得成功的人生，就必须要制定人生目标。目标很重要，更重要的是，在制定目标之后，要不断地努力追求，而且要一生都只为这一个目标奋斗。千万不要抱着试试看的态度，也不能够因为一些困难和环境就放弃了追求的人生目标。人生就是战场，要想在这战场上打胜仗的唯一法宝，便是在不断追求中确立目标。

司马炎即位之后，确立了一统天下的目标，在自己这一目标之中，最大的障碍就是盘踞于长江卜游的东吴政权。

魏灭蜀汉的第二年（264年）七月，吴主孙休得急病而死。吴国外有曹魏军队的威胁，内有交趾（今两广、越南北部）一带的反叛，国人无不期待一个英明之主即位，以振国威。左典军万或曾在乌程（今浙江吴兴南）当过县令，与孙权之孙、乌程侯孙皓非常要好，他在丞相濮阳兴、左将军张布面前盛称孙皓之贤明英武，足堪大任，因而在濮阳兴等人的主持下，二十三岁的孙皓继位登基了。

孙皓即位不久，国人就大失所望。他性情残暴，又好酒色，非但不能振兴吴国，而且加速了国内的分崩离析。濮阳兴后悔选择了这样一个君主，但悔之晚矣，他与张布不久便死在孙皓的屠刀下。

为了灭蜀，曹魏投入了大量人力物力。当蜀汉灭亡后，魏国需要重新积蓄力量，一时还难以迅速灭吴，这使得东吴有了暂时偏安一隅的机会。暴君孙皓也能肆无忌惮地继续自己的统治。

吴建衡三年（271年）正月，因有人投孙皓所好，故意说得到了预测未来的"谶纬之书"。书中称："天帝的黄旗紫盖出现在东南，最终成为天下之主的人，必定是现在统治荆州、扬州的君主。"孙皓听了非常高兴，认为这是"天命"，便在这数九寒天里，率大军从牛渚矶（今安徽当涂北）渡江西行，还带上自己的母亲、皇后、儿女及宫嫔数千人乘车同行，说是要到洛阳去统治天下，以顺应天命。沿途大雪纷飞，道路非常难走，士兵们不仅要穿戴盔甲，携带兵刃，每一百人还要负责拉一辆大车。士兵们又冻又累，不少人死在途中。军中后来竟传开了这样的话："如果前面遇上敌军，我们就倒戈一击了。"司马炎听说东吴有大的军事行动，急忙命令义阳王司马望率领中央禁军步兵二万、骑兵三千屯驻寿春（今安徽寿县），准备迎击。吴主孙皓得知前方有大军挡道，自己的部众又怨气冲天，怕继续前进不会有好的结局，这才下令撤退。孙皓的行为就是这样莫明其妙，他不顾气候条件，不考虑对方的军事实力强弱及兵力部署状况，便贸然率大军前往晋都洛阳，并让后妃作陪，使人捉摸不透他究竟是去打仗，还是去游玩。

当孙皓在建业醉生梦死时，司马炎则已开始筹划灭吴大计。泰始五年（269年）二月，他任命尚书左仆射羊祜为都督荆州诸军事，出镇襄阳（今湖北襄樊）。荆州是个战略要地，占领了这里，再顺流攻江东则容易得多。

羊祜刚到襄阳时，军中没有百日之粮的积蓄。羊祜从长远利益着想，没有马上投入兵力与吴人争城掠地，而是组织人力大量垦荒种粮，还在五个形势险要的地方建立城堡，防止吴军袭击，尽可能多地控制上等土地，使晋军的粮食积蓄越来越多，足可支付十年之需。在晋武帝平定东吴的过程中，羊祜功不可没，本书后面还将对他进行深入分析，这里从略。

后来在羊祜死后，朝中为是否出兵伐吴争论不休。以太尉贾充、秘书监荀勖为首的一些人反对伐吴，认为晋军暂时没有足够强的力量吞并吴国。以中书令张华、都督荆州诸军事杜预及龙骧将军王濬等为首的一些大臣则力主迅速攻吴。

司马炎由此最后下定了尽快伐吴的决心。他任命张华为度支尚书，为诸路大军筹措并运送粮草军资。司马炎又任命贾充为大都督，督统伐吴各路人马。贾充认为伐吴为时尚早，怕出师不利，不愿受命，并以自己年岁太高相辞。而司马炎非让他出征不可，说："你要是不肯受命，我就得亲征了。"贾充没办法，只好硬着头皮出征，屯驻襄阳，节度各路人马。

咸宁五年（279年）十一月，晋朝发兵二十万，分六路大举攻吴。这六路的布置是：镇军将军琅邪王司马伷趋涂中（今安徽滁州东南），安东将军王浑趋江西（今长江下游北岸淮水以南），建威将军王戎趋武昌（今湖北鄂城），平南将军胡奋趋夏口（今湖北武汉），镇南大将军杜预趋江陵（今湖北江陵），龙骧将军王濬、日东监军唐彬率水军自巴、蜀顺长江而下。

诸路人马中，王濬、唐彬所率水军是主力。咸宁六年（280年）正月，他们从成都出发，直捣丹杨（今湖北秭归东南）。

二月，王濬挥师连陷西陵、夷道（今湖北宜都西北）诸城，斩杀

第二章 司马炎对你说成功

047

东吴将士众多，吴镇南将军留宪、征南将军成璩、宜都太守虞忠、监军陆晏均成了俘虏。吴平西将军施洪等眼看抵抗不住晋军攻势，也缴械投降。

当王濬进攻乐乡时，杜预率领的大军也已逼近江陵。杜预先遣精兵八百人趁夜色悄悄渡过长江，在巴山（今湖北松滋北）燃起一堆堆大火，并虚张声势，在那一带插上许多旗帜，像已有千军万马占据了江防要地。吴人非常纳闷，感叹说："晋军简直是飞过长江的，让人不知不觉就占领了我们的要害之地。"吴军由此惶恐不安，斗志大大削弱。杜预又命牙门将周旨等率军埋伏在乊乐乡城外。乐乡城中的吴都督孙歆出战王濬，遭到失败。当他率败兵逃回乐乡时，周旨也带伏兵装扮成吴军士兵，尾随入城。然后在孙歆毫无防备的情况下，将其活捉，悄悄押回杜预营中。晋军将士对杜预的谋略都很赞赏，称他"以计代战一当万"。

驻守江陵的吴督将伍延在晋军大兵压境的形势下，假装请降，却把精兵埋伏在城上的矮墙后，准备等晋军入城时，发动突然袭击，以便用少量兵力趁乱取胜。但杜预识破了他的计谋，没有受降，发兵猛攻，很快夺下了江陵城。由于杜预足智多谋，吴人对他既怕又恨，因而在江陵城内外长有结块的大树上削去部分树皮，题上"杜预颈"几个字；又在狗脖子上系着剖开的葫芦瓢。原来杜预脖子上长了一个较大的肉瘤，吴人借此侮辱杜预。江陵城攻破之后，杜预把所有参与这种事的人处死，以泄心头之愤。其中被冤枉而死的人有不少，在这件事上，他是干得过于残忍了。司马炎在频频得到捷报后，再次下诏，命令：王濬、唐彬继续顺流东下，与已经攻克江安的胡奋及逼近武昌的王戎会师，共同攻克夏口、武昌，然后直扑吴都建业；杜预则挥师南下，平定荆州以南的各州郡；大都督贾充应从襄阳移屯项县（今河南沈丘）。

这样，王濬、唐彬在得到杜预补充的一万七千名士兵后，又与胡奋联兵，攻破夏口，尔后带着胡奋补充给他们的七千士兵，在王戎部将罗尚、刘乔的配合下，攻克武昌，吴江夏太守刘朗等投降。过了武昌，唐彬又得到王戎补充的六千士兵，这样，王濬、唐彬率领的水师总人数多达八万，战船满江，兵甲耀目，气势极盛。

王濬、王浑、司马仙各自率领的军队离建业越来越近，一向不以国事为重的荒淫皇帝孙皓这才惊慌失措。他命丞相张悌督统丹杨太守沈莹、副军师诸葛靓率吴军主力三万人前去迎战。这支队伍到达牛渚（今安徽当涂西北长江边），沈莹提议驻扎于此，他说："晋军在蜀地训练水师，准备船只已有多年，而我们长江沿线各要镇长期没有戒备，加之过去独当一面的名将现在均已故去，必定阻挡不住晋军的进攻。晋军水师迟早会到达牛渚，我们借这里的险要地势与之决一死战，若取得胜利，则长江西岸的晋军都会被镇住，那样的话，还可能趁势夺回长江中上游的控制权。我们如果不守住这里，而是直接渡江西行，一旦失败，国家的覆亡就不可避免了。"张悌不同意他的看法，感慨地说："东吴将亡国，这是老少皆知的事情。我们守住牛渚，一旦晋军到来，我军早已丧失了斗志，根本无法与之抗争。现在只有渡过长江，去与对方进行决战，败了，我们同赴国难而死，值得；胜了，可赶走江北晋军，并趁势回师攻晋军水师，必将打败他们。"于是，张悌率军渡江，先围王浑部将张乔于杨荷桥，继而与晋将张翰、周浚对阵。吴军最初取得小胜，但随后在冲击对方军阵时失利，一处战败引起各部人马依次崩溃，将帅

第二章
司马炎对你说成功

制止不住，加之张乔在后面夹击，吴军最后大败于板桥。当时，诸葛靓率五六百人向外突围，他特意去迎张悌，但张悌不肯离去，坚持要以身殉国。诸葛靓没办法，挥泪而去。才走百余步，他再回头时，张悌已被乱军杀死。

王浑力克三万吴军，兵势极盛，扬州别驾何恽劝他乘胜跨过长江，直捣建业。但王浑却信心不足，不肯奋兵独进，而按兵停留在江北，坐等王濬的到来。这时，武帝又下一道诏令，让王濬到达建业附近后要受王浑的节度。但这道诏令尚未传递到王濬手中，王濬的军队便已到达了三山（今江苏南京板桥镇附近）。王浑派人与王濬联系，让他到江北与自己共商攻城之计，而王濬不予理会，他对来人说："船队现在顺风顺水，不能停住，正应直趋建业。"

王濬率领的八万水师浩浩荡荡直逼吴都，方舟绵延八里，旌旗满江，威势甚盛。吴主孙皓急遣游击将军张象率水军一万余人前去迎敌。但一向惯于水战的东吴水师这时却已军心涣散，节节胜利、步步进逼的晋军的强大攻势，早已使东吴兵卒魂飞天外。张象深知在这种情势下要与晋军抗衡是不会有好结果的，于是，未作任何抵抗，便率军向王濬缴械投降了。这样，建业城外没有了足可抵抗一阵的吴军，建业城门实际上也就向晋军打开，只等王濬等人城了。

孙皓眼看实在无兵可用，他只好接受大臣薛莹、胡冲等人的意见，分别遣使到王濬、王浑、司马仙军中，表示投降。自此，自三国以来的混乱局面再归统一。

太康元年，司马炎把全国划为十九个州，每个州下都设郡、国，共设郡、国一百七十三个。政府所统领的在籍人口为二百四十五万九千八百四十户。

司马炎不但确立了一统天下的目标和理想，更重要的是，他能够为实现自己的目标和理想而努力奋斗。在司马炎当政初期，他兢兢业业，不断采取措施使自己的国家国泰民安，经济繁荣，并不断试图吞并东吴。在众大臣的辅佐下，司马炎能够不断努力，直到东吴灭亡，这就是在确立目标之后，不断努力并最终走向成功的最好例子。

从司马炎的成功中，我们可以看出人应该向着自己设定的目标不断前进，只有忠诚于自己的目标，人才会有前进的动力。没有目标的人就如无头苍蝇一般盲目而碌碌无为。所以托尔斯泰将目标比喻成指路明灯。作为一个组织的领导者，理想和目标对他尤为重要，因为这是他不断追求和进取的内在动力。

要想获得成功，就是树立远大的理想，不但要有不畏艰险，努力朝目标奋斗的决心和信心，更要有"只顾攀登更高峰"的精神。虽然这种精神很激励人心，但也必须理性，做到以现实为基础，注意前进道路的方向，所以这条路路是理想与现实、主观和客观的集合体。在主观方面，人们要充分发挥"攀"的能动性，在客观上注重现实因素，强调主观努力与客观的符合。

无论在任何艰难险阻面前，我们都要敢于坚持自己的理想。虽然理想和目标属于明天，但现实属于今天。未来的理想越高，实现的过程就会越漫长，也会越曲折。所以在领导成员为实现理想而做出努力和奋斗时，领导者所要做的就是发挥极强的韧性与意志力，顶住各方面的压力，排除各种困难与阻力，最终走向成功。

所设定的目标是对未来的一种追求，这不仅需要有一种执著的追求热情和坚忍不拔的精神，更需要有面对失败的坦然心态。所有的领导者并不是一直成功，都会面临失败的挫折。在这种情况下，领导者是带领员工积极面对失败还是逃避失败，是一个很值得思考的问题，但有一点很明确，那就是成功的领导者必然会选择面对失败。这在优秀的军事家也是一个道理，正是因为他们在失败面前从不气馁，所以有打不倒、压不垮的精神，保持乐观、积极向上的心态，才能抓住机会反败为胜，从而战绩显赫，名垂史册。

艾科卡是美国一位从浪尖到低谷、几经沧桑的企业家。他曾为福特公司取得的成功立下过汗马功劳，但由于被老板猜忌而遭解雇。用艾科卡自己的话说，他是从珠穆朗玛峰顶上被踢了下来。但他没有就此一蹶不振，而是在重新受聘于濒临倒闭的克莱斯勒汽车公司后，仍充满信心。坚韧不拔的意志与顽强的精神给他带来了成功，从此克莱斯勒"复活"了，因此艾科卡也被誉为美国企业之神。

作为一名领导者，在确立目标时最大的忌讳就是好高骛远、空洞而不具体。在一个组织中，一个可行的、具体的目标是十分重要的，只有目标具体，人们才会不断努力、满心期待地实现它，否则，不只是组织成员，即使是领导者也难以把握所设目标的具体状况，更不用说是实现了。每个组织都各有特点，如企业在乎经济效益，而事业单位追求社会效益，所以每个组织都应按照自己的具体性质和特点设定可行目标，否则空洞而无力。

每条河流都有自己的河道，而每个人都有自己的人生之路和人生方向，具体可行的目标就如黑夜里的启明星，激励着每个路人前行。人们只有明确自己的目标，把握人生方向，用心去做每一件事，幸福才会如期而至。人生旅途就如一次时而宁静、时而惊涛骇浪的航行，而

德服天下 司马炎有话对你说

航行的方向，以及走出巨浪翻滚旋涡的方法，全都依靠目标这盏明灯为你指明方向。

人们因拥有不同的梦想而各不相同。只有树立了目标，人们才会拥有前行的动力和冲劲。如果没有一个准确而具体可行的目标，人生必定是充满荒芜、碌碌无为的。

在生活中，每个人都有自己的理想，但是很多情况下，不少人却因为种种原因把理想搁置起来。在他们看来，并不是自己不想做，而是暂时将实现理想的时间推迟一下。然而，他们万万想不到，此推迟往往会造成他们与理想失之交臂，使理想变成空想。其实，即使困难重重，只要我们心中还有追求、还有信念，就要排除万难，朝目标努力前进。理想不关乎这么一点点，但是却离不开这么一点点，它所代表的是你为理想所付出的行动，有行动就有成功的希望。

如果一个人只空谈理想而不付诸行动的话，那么他永远也不可能成功。如果理想代表美丽的花朵，成功代表丰硕的果实，那么付出的努力就是使花儿长成果实的阳光和雨露。一旦有了理想，我们就要马上行动，从个人出发，从实际出发，稳步前行。

同样是两条线，为什么曲线比直线美？这是因为世界是不断变化的，曲线富有流动的韵味，它能引导人们的眼睛不断追逐，并能勾起人们对美好事物的想象。假如月亮像一把尺子不会出现任何变化，那么赏月的人还会有多少呢？如果人生如直线一般，那还会有多少值得记忆的往事呢？

纵观古今，每一位成功人士，都有着丰富的人生阅历，正是因为有了勇于追求的动力，他们才会在人生道路上披荆斩棘，创造出生命中的

第二章

司马炎对你说成功

德服天下

司马炎有话对你说

一个又一个奇迹。

其实失败并不可怕，可怕的是缺乏面对失败的勇气，受到挫折后变得一蹶不振。俗话说：空的米袋子是立不起来的。所以说如果没有失败，怎么可能吸取教训、有更好的积累呢？如果不尝试失败，怎能能得到更好的锻炼呢？我们都知道，"疯狂英语"的创始人李阳，他就是因为有了之前的一次次失败，并且从不气馁，朝着既定目标勇于追求，才有了"疯狂英语"。"不要等到别人鱼货满舱，才后悔没有好好织网。"所以在年少的时候，就应该把信念和目标结合起来，努力奋斗，化空想为理想。正所谓年少气盛，所以有了理想就要尽快付出行动，千万不能这山看着那山高，小事不愿做，大事做不来。最为明智之举就是脚踏实地，内心坚定信念，为实现理想不断努力，勇于追求，只有这样，才能实现理想。

其实在很多时候，人活着就是为了有所作为。而什么才能帮助我们真正有所作为，并一步步走向成功呢？是动力、梦想，还是坚强的信念？

古今中外，走向成功、取得成就的人不胜枚举，但真正能被世人铭记于心的却寥寥无几。原因在于，他们的追求只是短暂的，在一个短期目标实现之后，他们满足于现状，从而不思进取。但被人们永远铭记的成功者则是不断追求更高更远目标的人。追求、努力的过程是十分艰苦的，只有洒下艰辛汗水，才会使人的记忆日久弥新。屈原也曾说："路漫漫其修远兮，吾将上下而求索。"即使明白人生路上多磨难，但也要知道只有经历风和雨才能见彩虹。如果没有艰难的追求过程，如何去体会那成功的喜悦呢？

有意义的人生就是在不断地追求中度过的，一次的成功并不能代表什么。远大而具体的目标会激励我们不断地追求下一个成功。一个没有目标的人，就如一片枯黄的树叶，永远不会展现出惊人的活力。而目标和理想是生命的源泉，一旦失去它，生命就会枯萎。千万不要觉得理想、成功与自己还很遥远。纵然理想是一条漫漫长路，但人生的追求要应从青春时开始，拥有了理想就代表着踏上了追求成功的旅程，即使荆棘满途，也要毫不气馁，不断努力，直达成功的彼岸！

开拓自己的领地

人生之路上，总有一些人运气会好一点，他们出生在大富之家，豪门之后，自出生的那一刻，口中就含着金钥匙，头上闪烁着光环，前途一片大好，令人艳羡不已。但是随着时间的流逝我们会发现，这些靠着继承祖业而一步登天的人，最终却并不是全都能够获得成功，恰恰相反，多数的人出现了"兴家老子败家儿"、"富不过三代"的现象，这些只能说明，成功的人生中，继承，是天命，而要想获得真正成功的人生，还是要靠自己的实力去开拓。

司马炎能够轻松登上皇位，主要是因为对司马氏家族的继承。汉魏时期，司马氏是名门望族。司马炎祖上的很多人都曾在汉世担任过高级官吏。祖父司马懿入仕曹魏，历曹操、曹丕、曹睿、曹芳四世，先后任相府主簿、御史中丞、抚军大将军、录尚书事、侍中、持节、都督中外

德服天下

司马炎有话对你说

诸军事、太傅等职。

司马炎是历史上的晋武帝，他结束自东汉末年以来近百年的分裂割据局面、建立了统一的封建中央集权的西晋。正所谓"新官上任三把火"，他积极采取措施发展经济，可以说是一位励精图治且有成效的开国明君。在公元280年，西晋灭吴，统一全国，改元太康。实现统一的西晋国泰民安，社会繁荣，因在太康年间（公元280—289年），所以被称"太康之治"。之所以会出现"太康之治"的局面是有很多原因的，当然最主要的还是在晋武帝建国后，师承祖先，在政治、经济、社会关系等方面采取了一系列旨在稳定统治、发展生产的积极措施。

在政治上，晋武帝整顿吏治，礼贤下士，制定法律，稳定社会。晋武帝司马炎即位之初，就"颁新法于天下"。他连续下诏，规范各级官员，如泰始四年（公元268年）六月下诏，要求"郡国守相，三载一巡行属县，……观风俗，协礼律，考度量，存问耆老，亲见百年。录囚徒，理冤枉，详察政刑得失，知百姓所患苦。……敦喻五教，劝务农功，勉励学者，思勤正典"。而且要求地方官员荐举贤才，"令诸郡中正以六条举淹滞"。为了更好地治理国家，晋武帝还时不时地亲临各地考察。他规定，如果地方官员能使所管辖地区"田畴辟，生业修，礼教设，禁令行，则长吏之能也"，给以奖励；如果是"人穷匮，农事荒，奸盗起，刑狱烦，下陵上替，礼义不兴，斯长吏之否也"，就给以处罚。同年12月，晋武帝又颁布了五条诏书，规定郡国守相应该遵守的五条原则。这五条诏书是："一曰正身，二曰勤百姓，三曰抚孤寡，四曰敦本息末，五曰去人事。"太康元年也就是公元280年，西晋灭东吴，晋武帝下诏说："今江表平定，天下为一，当韬戢干戈，刺史分职（不再领兵），皆如汉故事。悉去州郡兵"。当时天下已经太平，所以下诏，"百姓获义，又与之休息"。另外，晋武帝还下令禁谶纬迷信，禁封禅，重人事。太康元年，在灭吴后，尚书令卫瓘等谏言晋武帝，他们认为天下已经安定，去泰山封禅是应该的。但晋武帝反驳说，他所期望的是与民休息，封禅不仅费财，还扰百姓，所以拒绝封禅。即使是在晚年，晋武帝仍然下诏惩治贪官污吏，要求朝廷内外群臣"举请能，拔寒素"。虽然此时的晋武帝已沉溺于荒淫奢侈的生活之中，此诏也徒有其表，但至少能说明他还是从内心反对卖官鬻爵、荒淫无耻。历史上往往引用刘毅指责晋武帝卖官鬻爵、荒淫无度、还不如东汉桓、灵二帝，来证明晋武帝的腐朽，这种说法其实并没有尊重历史事实，对晋武帝是不公正的。因为刘毅与晋武帝的这番对话是在平吴之后，此时的晋武帝已失去太康前期那种锐意进取的精神，已渐趋腐化，在太康之后，以司马氏统治集团为代表的世家大族的腐朽性随着天下太平和社会繁荣而日益暴露出来。如果只是以进入太康年间的这些表现来概括晋武帝司马炎的一生是不具有说服力的。正因为晋武帝在太康前是一位开国明君，不断采取措施，才能使国力强盛，最终平定东吴，统一天下，出现历史上著名的"太康之治"。

在经济上，晋武帝推行重农政策，努力恢复社会经济，为"太康之治"的出现准备了物质条件。这方面的主要措施有：

第一，司马炎即帝位后，继续推行曹魏以来行之有效的屯田。如羊祜镇守襄阳，分其所统领部队的一半进行屯田八百多顷，一年后，收获的粮食够军队十年吃用，大享其利。为增加屯田劳动力，晋武帝还免去邺城奚官奴婢的身份，使他们变为屯田兵，在新城屯田种稻。大批奴婢

第二章
司马炎对你说成功

的被解放，对发展社会生产是有积极意义的。

　　为了扩大耕地面积，安置流民，增加租税收入，发展农业生产，为灭吴、平定江南准备充足的物质条件，"朝廷励精于稼穑"。为此，晋武帝于即位初连续下诏，劝课农桑。泰始二年（266年）诏曰："今者省徭务本，并力垦殖，欲令农功益登，耕者益劝"。二年后又下诏曰："使四海之内，弃末反本，竞农务功，能奉宣朕志，令百姓劝事乐业者，其唯郡县长吏乎！"为奖励劝农不倦的郡县长吏、守相、晋武帝赐他们每人一匹马。接着又下诏"敕戒郡国计吏、诸郡国守相令长，务尽地利，禁游食商贩"。他还亲耕藉田，积极鼓励发展农业生产，并下诏不准豪族大姓"侵役寡弱"、"立常平仓，丰则籴，俭则粜，以利百姓。他对那些劝农开荒、勤恤百姓而作出贡献的地方官吏大加奖励。如汲郡太守王宏"抚百姓如家，……在郡有殊绩，督劝该郡开荒五千余顷，虽遇荒年而该郡无匮乏，于是，晋武帝对王宏予以表彰，赐谷千斛，并布告天下，树为榜样。为了加强劝农工作，晋武帝还专门指派司徒石苞"明劝课"，制定"殿最之制"。每年考核一次，以劝农成绩的好坏作为奖罚、升降官职的标准。此外，还增加了管理农业的官员。有人说，这是一纸空文，似这种劝农诏书历代皆有。不错，确实历代皆有！然而，尽管晋武帝的劝农政策未能（也不可能）全面彻底贯彻执行（在封建社会里有哪位皇帝的益民诏令能全面彻底贯彻执行？）但这在经过百年混战、人民疲惫、农桑久废之时，不能否定它的招抚流亡、劝农乐业的积极作用。

　　第二，大力兴修水利。晋武帝时，开凿和修复的新旧渠道水利工程可以说是遍及全国各地，其中比较重要的有：太康时，杜预镇守荆州，

"修邵信臣遗迹，激用溃滴诸水，以浸原田万余顷，……公私同利，众庶赖之，号曰'杜父'。淮南相刘颂修复芍陂，百姓歌其平惠"。晋武帝组织人力扩充整修潞河车箱渠，灌溉土地万余顷，泽及四五个县。为防水涝，晋武帝还责令修治了兖、豫二州的旧陂旧堨及私家小陂。水利工程的修建，保证了农业生产的丰收。

由于水利事业的发展，一些灌溉工具被广泛应用，如杜预发明的"人排新器"。同时，以水力发动的农产品加工机械水碓、连机碓也遍及各地，如司徒王戎"广收八方园田水碓，周遍天下"。再如，《太平御览》引王隐《晋书》说，晋武帝时"有公主水碓三十余区"。水利灌溉事业的如此发展，大大促进了西晋农业的恢复与发展，"太康之治"就是在这一比较充实的经济基础上出现的。

第三，颁行限田政策，稳定统治秩序。太康元年，晋武帝派大军灭吴后，颁布了以占田、课为主要内容的限田政策——户调式。规定了从诸王、公候、贵族官吏到普通百姓的占田最高限额以及应课田数、租税，对边远地区和少数民族予以照顾，减少税收，晋武帝的限田政策虽然未能彻底执行，但这种土地制度多少限制了豪强大族的无限占田，也多少满足了广大无地少地农民对土地的要求，它对招徕流民、安定社会秩序、振兴农业无疑起了积极作用。

此外，为了增殖人口，增加社会劳动力，晋武帝于泰始九年（273年）规定，民女年满十七岁，若其父母仍未让出嫁，则由当地长吏为之择配偶。为了分化吴人势力，开发北方荒地，灭吴后，晋武帝鼓励吴人北上，并规定凡北上的原吴国百姓和百工均可享受免除二十年徭役的待遇，以鼓励他们同北方各族人民一道安心生产。同时，对遭受灾害的地

德服天下

司马炎有话对你说

区和遭鲜卑侵扰的北边地区还实行减免赋税等政策。这些措施在促进西晋社会经济的恢复与发展过程中的作用也是不能忽视的。

在民族关系方面，晋武帝采取了招抚和镇压相结合的民族政策，以招抚为主。司马炎统治时期，少数民族归附晋朝的不在少数，也形成了历史上一次民族融合的盛世

被誉为"民和俗静，家给人足"的"太康之治"，虽然是一短暂的繁荣时期，但它毕竟在分裂割据四百年的魏晋南北朝史画页上留下了一小点光彩，为西晋这一短命王朝增添了光辉，在中国古代史上有一定影响，也应占有一定的地位。

从司马炎的人生经历中我们可看出，一个人的成功，可能是白手起家，也可能是继承祖业而开拓进取。在我们当今社会中，多数人都能够继承一些祖辈给建立的一定的基业，这些基业的有无，不是我们走向成功的必要条件，我们想要获得属于自己的成功，还是要依靠自己的实力去拓展开拓。

《易经》开篇就说道："天行健，君子以自强不息。"古人以独到的大智慧诠释了走向成功的道理。想要获得成功，就要遵循天道，自强不息，努力奋斗。也许我们会有天赐的机缘，能够继承前人的财富和基业，但是不能坐吃山空，立地吃陷。如果坐在祖上的基业上，只想着靠这点基业维持生活，甚至挥霍无度，那么再大的基业也会被挥霍一空，最终走向没落。想要守业，以攻为守是最明智的选择。依靠自己的实力，不断地开拓进取，不断地取得新的成就，这才是成功人士走向成功的必胜法宝。

继承祖上基业是一个人的福分，是可遇而不可求的，但是依靠自己

的实力，不断努力，开拓进取，却是每一个人都能够获得成功的最佳方法。清代著名的书画家文学家郑板桥一生取得了巨大的文学成就，并且其教子之道也值得我们思考。郑板桥晚年得子，自然对儿子很疼爱，却从来不溺爱。郑板桥晚年，从不担心自己的财产不足，将来不能给孩子留下家业，而是担心孩子没有一技之长，没有立身处世的本领，不能够靠自己的实力生存。

在郑板桥临终时，曾对儿子提出希望能够尝到儿子亲手做的馒头。儿子四处请教，经过一番忙乱，终于把自己亲手做的馒头捧到了郑板桥的面前，可是郑板桥已经咽气了，床头却有一张字条："淌自己的汗，吃自己的饭，自己的事自己干，靠天、靠地、靠祖上，不算是好汉！"郑板桥的儿子恍然大悟，父亲并不是要难为自己做馒头，而是要让自己懂得，不能够依赖祖业坐吃山空，而是应该凭借自己的能力自力更生，开拓进取。

当今社会，社会财富日益丰富，一些人拼命的赚钱，想要给自己的后代留下更多的物质财富，以便让自己的子孙后代能够活得更加舒适和轻松，但是这种操劳的结果，却换来了一种他们不想看到的结果，那就是兴家老子败家儿，甚至一些财产巨富的家庭，也出现了富不过三代的场景，引人深思。

我们在现实社会的发展中，不应该期待获得多少物质财富的继承，而是应该学会为人处世的能力，学会自力更生的谋生手段，学会独立创造生活条件的本领。无论自己的长辈给自己留下的是一座金山也好，半亩薄田也罢，都要凭借自己的双手，依靠着自己的实力，去不断的开拓进取，取得属于自己的成功。

第二章　司马炎对你说成功

清末之时，著名政治家、文学家梁启超在《少年中国说》中写到"红日初升，其道大光。河出伏流，一泻汪洋……"、"天戴其苍，地履其黄。纵有千古，横有八荒。前途似海，来日方长……"激昂的文字，读之令人振奋。人生在世，就是要有这种斗志高昂的胸怀，才能够凭借自己的实力，去开拓，去进取，去取得自己人生的成功，铸就自己人生的辉煌。

适应发展，进行变革

马克思主义哲学教导我们，世界上只有变化是永恒不变的。因此在我们的管理过程中也要注意学会变革。社会形势的发展会使得我们面对的情况发生改变，在这种情况之下，墨守成规，只能自寻死路；只有能够适应形势的变化，针对变化的形势，主动做出对应的变革，才能够保证自己的团队能够适应形势的需要，在竞争中获得成功。

司马炎理政初期，取得了很大的成就。三国时遭受战乱破坏的生产，在晋武帝时期得到了很大的恢复，这得益于司马炎改屯田制为占田制的变革。

前文提到屯田制起源于曹操。东汉末年，战乱仍频，广大老百姓为避战乱，不得不撇下田园，四处奔波，求取生存。这样，不仅出现了大批的"流民"，而且使农业生产力遭受巨大破坏。赤野千里，无人耕作的情况非常普遍。

要成就霸业，东征西讨，手中无粮无帛怎么能行？于是曹操首先考虑流民和土地结合的问题，开始实行屯田。所谓屯田，主要的一种形式是朝廷招募农户，在各级典农官的统领下进行耕作。汉献帝建安元年（196年），曹操开始在许下屯田，一年能得粮百万斛。以后魏国进一步在州郡推行屯田制，每年可收获谷物数千万斛。由此，在曹操时代，国家不仅"数年中所在积谷，仓廪皆满"，使曹操击败群雄，统一北方有了雄厚的经济力量，也使成千上万的流民重以隶属农民的身份和土地结合起来，对农业生产力的恢复产生了重要作用。后来司马懿等人都实行过屯田，以此加强了国家的力量。

而且屯田区的田地都是国家直接所有的官田，典农官都是武职，屯田农户受兵法部管束，是终身服兵役的"军垦战士"。但屯田者耕地有限额，朝廷为增加收入，指使典农官凭军事权力强迫屯田者在额定田亩之外另做耕种。由于屯田者人力有限，耕种粗放，也就导致谷物产量不断降低。从曹操到晋武帝泰始年间，屯田区旱田由每亩收十余斛、水田收数十斛而跌落到只收数斛，而且官得份额越来越大，致使屯田者日趋穷困，国家也难以再有所多得。

于是，司马炎灭蜀后的第二年，即取消了屯田官，各级典农官改称郡守、县令等文职。

晋武帝司马炎登基开始，便十分重视恢复和发展农业生产，劝课农桑，成为他的基本国策之一。

泰始二年（266年）十二月，是司马炎登上皇位第二年，他再次下诏，"罢农官为郡县"。泰始四年（268年）正月，他耕于藉田，并下诏说："方今阳春养物，东作始兴，朕亲率王公卿士耕藉田千亩"，以示对发展农业生产的极为重视。六月下诏，谈到"郡国守相"，应当"劝务农功"，勿使"人穷匮，农事荒，奸盗起"。以后，晋武帝自己或皇后，又多次亲事农桑。如泰始十年（274年）春，他再次躬耕藉田。太康九年（289年）三月，皇后亲自采桑于京城西郊。

太康元年（280年）灭吴之后，分裂了将近百年的局面结束，全国重新统一。曹魏以来的屯田制不仅失去了原先至为重要的军事意义，而且也已成为阻碍农业生产力发展的障碍。晋武帝于是在全国范围内实行了占田制，废除了屯田制。

从曹魏后期司马昭秉政以来，再到晋泰始咸宁年间，原来的屯田客都逐渐恢复了自耕农的身份，他们在屯田制下所受到的高份额的剥削，此时得到减轻，并能够在所有权较稳固的土地上进行耕作，劳动积极性提高了许多。晋统一全国后，在把民屯改变为州郡编户的自耕农的基础上，进而把兵屯的土地也分给士兵的家属去耕种，在全国国有土地的范围内，施行了占田制。

所谓"占田"，就是农民向地方政府登记请领土地的亩数。"占"到的土地，即便有来不及耕种的，其使用权已经属于"占"到的人了。当时规定：男子一人占田七十亩，女子三十亩。总之，一夫一妇占田的最高数量为一百亩。

但是，当时地多人少，晋武帝的政府又实行课田制，与占田制双轨并行，以鼓励农户生产的积极性，进一步增加国家的农桑收入。

占田是就一家一户而言，即作为家长的一夫一妇可占田一百亩。课田则是就农户家庭的其他人员而言。当时的规定是，在这些其他人员当中，正丁（指十六岁至六十岁的男女）男可课田五十亩，女可课田二十亩；次丁男（指十五岁以下至十三岁，六十一岁以上至六十五岁的男子）可课田二十五亩，次丁女则不课。所谓"课"，就是劝勉、督促的意思。

不管占田制和课田制，都是为了增加政府税收，因此，同占田制和课田制相应，晋武帝政府又颁行了户调租税制度。所谓"户调"，就是以户为租税征收单位。

在田租方面，每亩纳租八升，那么按每户占田一百亩计算，须上缴粮食八斛。课田的田租和占田一样，也是每亩纳租八升，史有记载"凡民丁课田，夫五十亩，收租四斛"。

处于边远地区的少数民族不课田，按地处远近，每户除按户缴屯田田租外，另纳义米三升或五斛。如果住地太远，纳米不便，则改纳钱二十八文。

赋税方面，如丁男为户主，每户每年纳绢三匹，绵三斤。如户主是妇女或次丁男，数量减半，近一些的州郡纳三分之二，远一些的纳三分之一；边地的少数民族农户，亦按住地远近，每户纳布一匹或一丈。课田仍要纳赋税。对此史载说法不一，《初学记》载课田五十亩，除四斛田租外，还要缴绢三匹，绵三斤。

曹魏时期的田租为每亩四斤，赋税为每户纳绢二匹，绵二斤。可见，晋比魏的田租重一倍，赋税重三分之一。而且曹魏时期没有按人头取赋税这一项，而晋时期，即便有的农户没有课田，也得按人口的数目纳课田税。

那么，为什么在晋武帝时代，农民反而觉得租税还不算沉重呢？

第二章 司马炎对你说成功

其一，因为政局统一相对稳定，农民免除了一项重要的付出，即纳租税要比服兵役轻得多、少得多了；加之晋武帝尚能体恤民情，兴建宫室等劳役也减轻了许多。这样，农民就可以以更多的精力和时间从事农业生产。

其二，由于屯田劳作是一种"大锅饭"的劳动分配形式，而占田和课田，农民是田地的半个主人，对田地有使用权，耕作好坏直接同自己的经济利益挂钩，这样就势必改变了屯田劳作时的粗陋耕种为尽量的精耕细作。加之有更多的精力和时间作保证，贻误农时的情况很少出现，田地的单位产量大大提高，所以对租税的沉重反而感觉不是十分明显。在国家收取份额提高的同时，个人的份额实际上也在增加。这样，劳动的积极性就发挥出来了。

其三，没有兵燹蹂躏，农户之中人口增加，劳动力比以前多了，只要肯努力，就有收益，生产自然得到发展。

占田制有很大的积极作用，一则占田制鼓励垦荒，要将劳动力和土地结合起来，多少收到一定的效果，王宏为汲郡太守时，这里垦荒五千顷。刘颂为淮南相时，经常要修治芍陂，"年用数万人。豪强兼并，孤贫失业，颂使大小戮力，计功受分，百姓歌其平惠"。（《晋书·刘颂传》）这反映当时地方官注意农耕，故能垦辟不少荒地；并能够对豪强有所抑制，使力役均平，免致农民的逃亡。

从太康时期的繁荣可以看出。平吴那一年（太康元年，公元280年），西晋有户二百四十余万，但到太康三年（282年），已锐增到三百七十七万户。两三年中，增加了一百三十多万户，增加的人口是相当可观的。

由上可见，通过改革，司马炎不但稳定了国内的生产环境，提高了生产水平，而且为国家富强，奠定了基础。

关于变革，在管理学中有两个著名的定律可以体现出变革的重要性。

第一个是青蛙效应。青蛙效应是说，如果把一只青蛙放到放入热水的锅中，青蛙能够一下跃出水来，逃离灾难；但是如果把青蛙放到冷水的锅中，并逐渐加热的话，那么青蛙在水热到无法忍受的时候，是没有能力跳出水来的。青蛙效应告诉我们的道理是：人在环境中很容易变得麻木，从而失去变革的能力，最终在无法变革的时候被环境淘汰。

第二个是鲶鱼效应。所谓鲶鱼效应讲的就是渔民以打鱼为生，但是每次从海里回来，船舱里的鱼大部分都会死去，而且根本卖不上价格，奇怪的是有一个人打回的鱼却总是活的。其他的渔民真的想知道其中的缘由，经多方打探得知，原来那个人在船舱里放了鲶鱼，鲶鱼生性活跃，所以在船舱里不断追逐被捕的鱼，使鱼保持了活力，进而使其他的鱼在岸上出售时，仍然是活蹦乱跳的。鲶鱼效应告诉我们的是：如果想保持活力，就要找到刺激我们、对我们起作用的因素，只有这样，才能使我们与麻木告别，长久地保持活力。

这两个管理定律，其实是大同小异，那就是在管理中，我们不能局限于既定的管理方式，而是要与时俱进，根据不断变化的形势，做出改变，顺应形势发展。

在如此竞争激烈的社会，学会创新和改变是必要的，否则无论是团队还是个人都会把自己推向绝路。其实道理很简单，那就是你不变，别人变，在这个过程中，你已经远远落后于别人，当你落后别人一大截

德服天下

司马炎有话对你说

时，还有出路吗？

松下幸之助被称为日本的"经营之神"，他曾经说过："今后的世界，并不是以武力统治，而是以创新支配。"所以，只有善于创新的团体和个人才能脱颖而出，才能在激烈的竞争中立于不败之地。

因此，任何团队或个人要想得到发展，绝不能"墨守成规"、"一成不变"。在团队工作中，领导者必须要有创新的头脑，只有不断变通，才能使团队有充满感召力和生命力，也只有这样，整个团队才能不断开拓市场，取得最终地成功。对于自身而言，有创新力的领导者会在整个团队中树立起更大的威信。

我们时刻都在褒扬伟大的科学家、企业家、政治家、艺术家，称赞他们是各界的佼佼者，因为他们为人类历史、对人类的精神与物质财富都做出了他人无法企及的贡献。

其中一位最杰出的经济学家熊彼得先生认为，之所以企业家能使企业发展，不断走向成功，最关键的原因就是创新。他同时列举了企业家应当具备的能力：

（1）有一双善于发现的眼睛，发现投资机会。

（2）充分利用获得的资源。

（3）善于展现自己企业的前景，这是说服投资人的最有效的途径。

（4）要善于组织和管理企业。

（5）勇于承担风险。

所有想要成功的管理者，都必须具备如此能力，否则一切都是空谈。从上面的分析可以看出，企业家所具有的创新能力可体现为洞察力、使用力、说服力、领导力、决断力甚至行动力等等。

所以，每一个成功的管理者都要不断开拓进取、勇于创新，否则，就会被社会和时代所抛弃。如果只是墨守成规、因循守旧，而不去培养开拓创新的能力，必然不会成为工作中的佼佼者。

因此，要想成为一个成功的领导者，就要时刻保持一颗创新之心。

其实，领导者的工作是一种创造性的活动，在这个活动中，复杂和多变的事情时有发生。所以，领导者在进行这种创造性的活动时就要有变通的能力，特别是在科学技术不断发展，信息瞬息万变的当代，工作的多变性和动态性更加明显，稍不注意，机会就会失去。

如果领导者只是墨守成规，不善于发现和提出新问题、开拓新领域，必然会在工作中使自己处于被动位置。当今世界，领导者要想迎接挑战，解决问题，就要立足于实际，通过不断实践，把握时代特点，研究现实问题，用创新的思维做出回答。只有创新，才能解决层出不穷的矛盾、问题，才能把我们的事业推向前进。否则，必然会与社会和时代脱节。

在很多情况下，并不是因为领导者的天才能力做成了某项事业，而是由于事情本身对领导者提出挑战，迫使领导者只能变换角度去思考同一问题，以寻找解决之道。同时，衡量各种方法的过程中，他们发现了应对各种挑战的有效途径，以便以后更好地开展工作。所以，创新不仅可以成就事业，还可以成就一个人。

下面故事很值得我们思考。

从前，所罗门国王在臣民中享有崇高的威望，人民十分尊敬他的明断是非和英明睿智。一天，下属带着两名妇女和一个婴儿来打官司，两名妇女都声称自己是这名婴儿的母亲，请求所罗门国王进行公正裁决。

第二章 司马炎对你说成功

这个官司还真把所罗门国王难住了，从这两名妇女的表情和陈述中都没有发现什么破绽，他一时无法判定到底谁是孩子的母亲。而他一旦出错，就会永远破坏一个家庭。

所罗门国王故事的结果大家可能都知道，他放弃了通常采用的法律程序，选择了一个超常规的做法：他命令手下卫士把孩子劈成两半，一人分一半，公平解决。结果，其中的一名妇女听到这个恐怖的命令之后吓得放声大哭，提出自己宁愿放弃这个孩子。而她，就是这个婴儿的真正母亲。至此，通过恐吓性的心理测试，案件的结果水落石出，困境迎刃而解。

在这个故事里，所罗门国王并没有把这案件本身看作一个直截了当的、非此即彼的选择，而是深入思考这个问题，穿越法律和事实的范畴，挖掘到情感和心理的深处。他运用了自己的聪明才智重构了整个事件，为自己寻找到了转换的空间，从而把自己、婴儿以及他真正的母亲都从困境中解脱了出来。整个过程不动声色，毫发无伤，却显示出所罗门国王敏锐的思维和高超的领导能力。

在竞争的社会中，作为领导者必然会经常面临类似的两难抉择。在这个世界中，任何事情都是不断变化的，领导的下属和员工中也会有各种各样的动机，他们的价值观和利益取向也是各不相同，所以带领庞大的团队去追求共同的目标需要领导者具有非凡的能力。所以领导者在遇到问题、解决问题的时候一定要前思后量，不能轻易做出决定。

要想成为与众不同的、成功的领导者，就要不断克服困难。能够克服困难是区别普通人和杰出领导者的关键点：一般人在抉择时往往是直截了当，从而顾此失彼；而领导者讲究凡事小心，要三思而行，不断坚持、不断思考，从而走出困境，实现双赢，成为真正的领导者。

洛克菲勒曾经说："如果你想成功，你就应该另辟蹊径，而不要墨守成规……对于我自己而言，即使你们把我身上的衣服剥得精光，一个子儿也不剩，然后把我扔在撒哈拉沙漠的中心地带，但只要有两个条件——给我一点时间，并且让一支商队从我身边经过，过不了多久，我就会成为一个新的亿万富翁。"

这段话足以看出了洛克菲勒的信心和志向，令人很有感想，这其实是商人成功的最根本素质，那就是绝处逢生，不断创新，只有这样，才能无所畏惧，成就他人不能成就之事。

在日益激烈的竞争中，形势处在永远的变化之中。因此，团队要想在竞争中求得生存与发展，必须要做的就是不断因势利导，做出变革，适应发展的需要。

第三章

司马炎对你说 管理

正所谓：没有规矩不成方圆。管理在现实生活中起着非常重要的作用，无论是团队还是个人都离不开管理。随着经济的发展，管理的科学也在不断进步。但是这并不意味着古代帝王的管理之道就要弃之不顾。事实上，古人的管理之道往往是管理艺术的精髓，现代人对于帝王管理之道的借鉴吸收，往往能够成就一个团队的辉煌。

要善于听真话

作为管理者，一个人的智慧毕竟是有限的，无论你多么聪明也有一定的局限性。只有集思广益，才能弥补自己的不足，使自己在管理上得到提高。所以，管理者不但要善于倾听别人的建议，更要主动去征求别人的意见，特别是逆耳忠言。否则，只是听到一片赞扬声，不但不利于改进工作，反而会影响团队的发展。

晋武帝司马炎作为一个皇帝，虽然虎头蛇尾，但是其在管理和纳谏上还是值得称道的。在纳谏方面，史载晋武帝司马炎"雅好直言，留心采擢"，"虚心以求谠言"，"容纳谠正，未尝失色于人"。

他于泰始元年（265年）就下诏"开直言之路，置谏官以掌之"。他说："凡关言人主，人臣所至难，而苦不能听纳，自古忠臣直士之所慷慨也。"为此，曾多次下诏要各级官吏"举贤良方正直言之士"。

敦煌人段灼，"果直有才辩"。晋武帝即位后，段灼上疏五条，论述了前代隆名之臣与亡败之主的兴废原由，劝晋武帝要"居安思危"，"不忘履冰之戒"，用人时不可求其全，要明赏罚，不要起用那些"阿谀唯唯之士"，要开"举贤之路"。晋武帝十分重视段灼的意见，并因此而提拔段灼为明威将军，魏郡太守。邺奚官督郭广曾上书陈说五件事以劝谏，用辞非常直接强硬，司马炎不但不怪，反而擢升郭广为屯留令。

晋武帝在泰始、咸宁年间，基本上本着用贤良的指导思想，招纳人才。如嵇绍，其父因罪被杀，但晋武帝认为"父子罪不相及"，仍用嵇绍为秘书郎，后又被提升为徐州刺史；再如许奇与晋武帝有仇，但因许奇有才，晋武帝能不计个人恩怨，重用许奇。刘毅，因"忠謇正直"，晋武帝任命他为谏官，后官至尚书左仆射，被委以重任。甚至邺地的一位牧马官郭廙因上疏晋武帝"陈五事以谏，言甚切直"，被提拔为屯留令，以此鼓励各级官员进谏言。灭吴后，对"吴之旧望，随才擢叙"，各尽其能。虽然晋武帝所重之臣大部分为世家大族，姻亲勋旧，但其中确亦不乏有才干者，如杜预、羊祜、张华、刘毅、裴秀、王濬等人，他们在统一和国家建设中起了重要作用。唐初贤相房玄龄及褚遂良、令狐德棻等人对晋武帝很多评价："武皇（晋武帝）之世，天下乂安，朝廷属意于求贤，已轴有怀于干禄（即在困处之人也有乘时入仕之意）。"可见，太康前的晋武帝司马炎亦不失为一位用人基本唯贤、也较能纳谏的开国君主，史载晋武帝时"衣冠斯盛，英彦如林"。因而，"太康之治"的出现就不难理解了。

有一次司马炎与右将军皇甫陶论事，皇甫陶同他争执起来。散骑常侍郑徽上表要求降罪皇甫陶。司马炎听后这么说："谠言謇谔，所望于左右也。人主常以阿媚为患，岂以争臣为损哉！徽越职妄奏，岂朕之意。"后来郑徽反而被免官。

刘毅是魏国旧臣，因效忠于魏室，差点儿被司马昭处以重刑。司马炎称帝以后，念刘毅忠厚正直，让他掌管谏官。刘毅转任司隶校尉后，纠正豪门不法，一时间京师肃然。皇太子入朝，吹吹打打地要走东掖

门，刘毅认为不敬，将太子止于门外，并上奏弹劾，直到司马炎下诏赦免，他才准许入门。

有一次晋武帝司马炎到京师南郊行祀礼。礼仪完毕，晋武帝感喟着问刘毅："卿以朕方汉何帝也？"

"可方桓灵。"刘毅回答。

"吾虽德不及古人，犹克己为政。又平吴会，混一天下。方之桓灵，其已甚乎！"晋武帝不服气，有点不高兴地说。

刘毅又说："桓灵卖官，钱入官库；陛下卖官，钱入私门。以此言之，殆不如也。"

其他人为之咋舌，晋武帝却大笑起来说："桓灵之世，不闻此言。今有直臣，故不同也。"

散骑常侍邹湛赶紧出面打圆场，将晋武帝比作汉文帝，进而又以刘毅犯颜不但不怒反而欢笑为例，说晋武帝之圣德超过了汉文帝。

晋武帝对邹湛说："我平天下而不封禅，焚雉头裘，行布衣礼，卿初无言，今于小事，何见褒之甚？"

邹湛感触颇深，说："臣闻猛兽在田，荷戈而出，凡人能之。蜂虿作于怀袖，勇夫为之惊骇，出于意外故也。夫君臣有自然之尊卑，言语有自然之逆顺。向刘毅始言，臣等莫不变色，陛下发不世之诏，出思虑之表，臣之喜庆，不亦宜乎！"

刘毅还曾上疏，洋洋近两千言，抨击魏以来的"九品官人之法"，认为它不是着眼于人的真才实学，而是依据同党利益；标准不一，因人好恶，因此造成"上品无寒门，下品无势族"的格局。他从八个方面，予以否定，用语质直激烈。晋武帝优诏答之。

太康六年（公元286年），刘毅去世。晋武帝拍着案桌痛切地说："失吾名臣，不得生作三公！"

从上面的事例中可以看出，司马炎在纳谏上表现出了很大的诚意和宽广胸怀。不能不说从古至今，宣称要鼓励进谏的领导不在少数，但是真正做到了像司马炎这样，鼓励进谏，闻直言而不愠，能够坦然的接受下属的顶撞之言的，古今皇帝中司马炎可以说是做到最好的。同时，司马炎的纳谏行为，也有和很多地方值得现在的管理者学习。

现在，很多领导者都喜欢独断专行、一意孤行，只是一味认可自己的想法，对于任何人的有益谏言都如同耳旁风。当别人提出建议时，这些领导者常常命令别人保持沉默。在处于不利环境时，任何提出质疑的人就很有可能被贴上"不忠"的标签。那如何才能区别出真正献策谏言的忠臣呢？下面的这次故事将告诉你如何去做。

战国时期，曾经有一位君王下过一道求谏旨令："群臣和百姓能当面指责寡人之过的，受上赏；上书规劝寡人的，受中赏；能在公共场合议论寡人的过失而被我听到的，受下赏。"自下这道诏令以来，收到了很好的效果。一年之后，人们还想谏言，但已经没有什么可以说的了。所有很长一段时间内，这个国家经济繁荣，社会稳定。

纵观古今，一意孤行、刚愎自用的领导者必定要垮台。这是历史经验的总结。

读过《三国演义》的人都知道关羽"大意失荆州"的故事。其实，关羽并不是因为疏忽而丢了荆州，而是因为他不能听取不同意见。关羽在守卫荆州时，东吴吕蒙担任大都督。吕蒙早就打算抢回被刘备骗去的荆州，但他知道以自己的实力强攻硬取只会失败，于是就想方设法从关羽的弱点上下手。恰巧，关羽并没有亲自守卫荆州，而是在外面带兵攻打樊城，吕蒙知道这是一个千载难逢的好机会，所以表面上积极、主动与关羽套近乎，暗中却用计蒙蔽关羽。当时他骗关羽说自己有病，想让东吴书生陆逊接替自己都督的职位。陆逊刚上任，就写信给项羽，以表示友好，还准备了厚礼，遣使拜见关羽。关羽放松了警惕，还嘲笑孙权说："你真是目光短浅，怎么能让陆逊做你的将领呢！"他丝毫没把陆逊放在眼里，认为陆逊对荆州也无计可施，而且把荆州守兵抽出攻打樊城。当时，关羽的副将司马王甫、赵累却不以为然，他们认为东吴必有阴谋，苦劝关羽千万不要撤走荆州守兵。但是关羽没有听取他们的意见，骄傲地认为东吴胆小，不敢有所作为，所以放心地撤走了荆州守兵。但结果是，东吴军队渡江占领了荆州城。

此时，关羽对荆州已失守的消息仍不相信，听到军中有人私下传言荆州失守时，他怒发冲冠地制止道："这是敌方的计策，为的就是扰乱我们的军心！东吴吕蒙病危，书生陆逊代都督之职，不用担心。"等探马报知实情后，关羽才相信了事实。此时的关羽大惊失色，在逃到维谷之时，关羽似乎幡然醒悟，他对身边的司马王甫深深叹道："真是后悔当初没听你的话，才造成今日之事！"

如果说，荆州是因为关羽大意才丢失，那么，关羽败走麦城则真的是因为不听建议所致。在面临被困在麦城、内无粮草、外无援兵的窘境之时，关羽决定抛弃麦城，突围去西川。去西川本有两条路可走，一条是大路，一条是偏僻小路。关羽打算从小路去西川；考虑到吴魏可能在小路设下埋伏，王甫建议从大路去西川。此时，关羽仍然坚持己见，一意孤行，固执地不肯听王甫的话，还自信地扬言道："即使有埋伏，那有什么可怕的！"所以，关羽还是坚定走小路。王甫料定关羽此去凶多吉少。纵百般劝阻仍无济于事，最终的结局是父子双双遭擒身死。可见，不多听意见，而一意孤行的人最终是会付出沉重的代价的。

纵使是一千张羊皮，也不如一张狐狸腋窝皮珍贵；即使千百人俯首顺从，不如一人诤言争辩对事有益。作为领导者，不但应该有宽大的胸怀，更应该听取不同意见，并鼓励下属要敢于谏言，正所谓"君子和而不同，小人同而不和"。所以，只有经常听到不同意见，领导者能才能做出正确的决策。

法国社会心理学家H.M.托利得曾经提出：要想知道一个人的智力是否属于上等，就看他的脑子里能否同时容纳两种相反的思想。在两种相反思想并存的情况下，只要还能处惊不变，说明他是一个从善如流的人。如果在听到与自己不同意见时恼羞成怒、暴跳如雷，那么他必定是一个刚愎自用者。所以，领导者只有对反对意见以平常心对待，才能考虑全面、做出正确的决策。

袁绍就是刚愎自用者的范例。他因为不能接受反对意见而最终输给曹操。袁绍军队官兵数量多，谋士也多，粮食充足，所以容易防守；但曹操军队战斗力强，粮食较少，适合战速决。在袁绍带领军队迎接曹操的挑战时，田丰极力反对，袁绍不仅没有听从田丰的意见，还把他关入囚牢。在这场战争中，袁绍战败，后悔地说道"正是因为我不听从田丰的意见才造成了今天的局面，我现在回去，还有什么颜面去见田丰呢！"此时，逢纪乘机进谗言，袁绍听后恼羞成怒，决定处死田丰。

田丰在狱中时，狱吏听到袁绍打败而归，于是对田丰贺喜说："袁将军大败而回，您一定又会被重用啊。"田丰却不以为意，怅然说：

第三章 司马炎对你说管理

079

德服天下

司马炎有话对你说

"袁将军从来不会想到别人的忠诚之处。如果是大胜而归，必然会赦免并奖赏我，现在他是战败而归，必然恼羞成怒，我不指望活着出去了。"果然使者奉命来处死田丰，最终田丰自刎而死。

而面对相同的情况，曹操的态度却与袁绍截然相反。曹操在占据河北后，又与众人商议西击乌桓。当时曹洪等人极力反对，但曹操还是听从了郭嘉的意见，大费周折攻占乌桓。回到易州，重赏曾经提出意见的人。并且诚心对众将说："之前我一意孤行要征伐乌桓，侥幸获得成功，虽然取胜了，但也是因为上天保佑，不能作为典范。各位的谏言真的很重要，是定国安邦的大计，现在奖赏你们，希望你们以后不要怕提意见。"

在别人提出不同意见时，曹操从善如流，礼贤下士，即使反对意见提错了，他还是要大加奖赏，鼓励大家多提意见。反对者之所以会反对，必然会有自己的理由，也必然有可取之处。如果是因为老天保佑才侥幸获得成功，而去轻视取笑甚至惩罚那些提反对意见的人，只会让大家从此之后变得唯唯诺诺。

正因为管理者拥有别人难以拥有的权力、地位，所以容易被阿谀奉承、阳奉阴违，从而遭受蒙蔽、听不到真话。在现实生活中，很多员工为了赢得领导的欢心和偏爱，大多采取各种手段讨好、甚至糊弄管理者，正可谓是无所不用其极。从而导致说谎、蒙骗上级的现象时有发生。所以，要想成为一个优秀的管理者必须要有善于听真话。

有一个故事是这样的，某领导带领下属共十人，乘坐一艘小船，到某海岛游玩。在回来的路上，领导提出先不回去，而是再到另一小岛上玩儿。其中有一人说："还是不去了吧，那岛周围暗礁多，浪大，很危

司马炎画像

险。"领导听后很不满意，训斥说道："你别说不吉利的话，这样只会扫大家的兴，难道风平浪静就好玩？现在我们投票决定，同意去的站到左边，不同意的站到右边。"很多人为了讨好领导，溜须拍马，结果一个个都向左边走去，当右边只剩下一个人时，由于重心偏移，小船翻了过来。

所以都站在一边，并不是好事。领导独断专行一意孤行，使敢言者受到排挤，如果都是如此，谁还敢言呢？如果领导想听真话，就必须以宽容的心态去容纳别人不同的想法，做事民主，保证直言者无罪。

老子说："信言不美，美言不信。"所以说真话未必中听，中听的话未必真实。对于一些可能偏激、不全面、不正确，甚至个别人可能意气用事而提出的意见，领导要有海纳百川的精神，辨证地看待，而不能因与自己意见不合而抱成见。当然，在听取不同意见或反对意见时，也要辨明真伪，分清楚是肺腑之言，还是毫无根据的谎言。所以，做到听取不同的意见是领导者应该做到的，而有自己的判断力也是领导者必须做到的。

第三章

司马炎对你说管理

081

建立明确的管理制度

正所谓："没有规矩，不成方圆。"在管理过程中，明确的制度，是最有效的、最简洁的管理手段。只有建立了明确的制度，才能够使得管理规范化，才能够让管理变得有理有据。自古以来，一个成功的管理者都很注重管理中制度的建设，也只有建立了明确的管理制度的团队，才能够走向成功。

晋武帝登基以后，为了明确律令，继续了司马昭对于律令的改革政策，对前代零乱、繁多的律令进行了整理、删减，制定了《泰始律》。

两汉时期的律令极为繁杂，览者益难。于是在曹魏时代，魏文帝曹丕就曾下诏，"但用郑氏章句，不得杂用余家"。所谓"郑氏章句"是指：对于两汉律令，后人根据自己的理解，各为章句，有诸如叔孙宣、郭令卿、马融、郑玄等人所为的章句十几种；在这十几种当中取郑玄所作的章句。这样，律令虽有所改动，但仍然没有得到根本的改革。

司马昭为晋王后，深感前代律令本注繁杂，虽然经由陈群、刘邵等人改革，但由于科纲本来就繁密，加之又在叔孙、郭、马、郑诸家章句中仅取郑氏，难免偏颇，因此没有继续沿用。于是司马昭令贾充与太傅郑冲、司徒荀𫖮、中书监荀勖、中军将军羊祜、中护军王业、廷尉杜友、河南尹杜预、散骑侍郎裴楷、颍川太守周雄、齐相郭颀、骑都尉成公绥、尚书郎柳轨及吏部令史荣邵等14人共同制定律令，对既存律令进行大规模的改造，去其繁苛，存其清约。这14人大致可以分为两类：一为礼法之士，如贾充、郑冲、荀颤、荀勖等；一为玄学之士，如羊祜、裴楷等。

改革律令是一项沉重的工作。司马昭去世后晋武帝司马炎登位，继续进行。

泰始三年（267年），改律令工作完毕，制定出新律二十篇，六百二十条，二万七千六百多字；律与令合二万九千二十六条，十二万六千三百字；又从令中划分出条例章程，称为"故事"，各归本官府执掌。

晋武帝下诏赏赐："昔萧何以定律令受封，叔孙通制仪为奉常，赐金五百斤，弟子百人皆为郎。夫立功立事，古今之所重，宜加禄赏，其详考差叙。辄如诏简异弟子百人，随才品用，赏帛万余匹。"并亲自临讲，使裴楷执读。

到公元268年，这部法律的制定终于完成。它就是我们通常所说的《晋律》。《晋律》与汉魏旧律相比，在体例设置、条文安排等方面更为合理，用词也更加精确。《晋律》将《魏律》的《刑名》篇分成了《刑名》和《法例》，并放在首要位置，这使《魏律》的刑法总则部分更加完善；其中的具体篇目也从十八增加到二十篇，内容更加丰富。另外，《晋律》把礼制与法律进一步融合，并且把礼的内容直接以法律条文的形式出现；设立了"杂抵罪"，这是后来官当的雏形；除此之外，《晋律》还第一次明确区分了律和令两个重要法律概念，把法律解释为定罪量刑为主的法典，而政令则解释为规定国家制度的法典。经过儒家

第三章 司马炎对你说管理

083

文化的熏陶，《晋律》最终成为中国历史上第一部儒家化的法典。

泰始四年（公元268年）正月，司马炎下诏说："律令既就，班之天下，将以简法务本，惠育海内。"下令抄录死罪条目，在公共场所悬挂，以使百姓知所趋避，也使朝廷命官、地方长吏及其他一些社会政治势力受到一定程度的约束。这兴许是中国历史上的第一次"普法教育"。

其后，明法掾张斐又受命注律，其中有云："律始于刑名者，所以定罪制也；终于诸侯者，所以毕其政也。王政布于上，诸侯奉于下，礼乐抚于中，故有三才之义焉，其相须而成。若一体焉。"

《泰始律》颁布以后，据《晋书·贾充传》记载，司马炎下诏说："汉氏以来，法令严峻。故自元成之世，及建安、嘉平之间，咸欲辩章旧典，删革刑书。述作体大，历年无成。先帝愍元元之命陷于密网，亲发德音，厘正名实……今法律既成，始班天下，刑宽禁简，足以克当先旨。"——这说明了《晋律》是崇尚刑宽禁简的儒家思想，而不是曹魏刻薄深文的法家思想。并且杜预认为，法律不是讲道理的书，而是官吏的量刑标准，因此，要简明扼要，言简意赅，所以，《泰始律》只有二千九百多条，十二万多字，《隋书·刑法志》称赞它"实日轻平，称为简易。"

在当时的社会历史条件下，可以说晋武帝颁布施行的律令的确比较科学、有效。史有记载：晋武帝于太康元年（280年）三月平定吴国之后，即"除其苛政，示之简易，吴人大悦"。

在颁布法律以后，司马炎带头学法、并进行普法活动。他要求玉人裴楷在朝堂上逐条朗读法律，由他亲自讲解。为了配合法律的学

习，司马炎还带领全体朝臣承包了一千亩土地，并亲自耕作，为的就是显示自己重农务本；同时，还大赦天下。我们知道，在之前册立皇后和太子的时候，司马炎还没有大赦，在此时大赦天下是为了体现其重视法律的程度。

后来，张斐、杜预还对《泰始律》进行了注解，张斐的注解为《律解》，而杜预的为《律本》，这些注解使人们更容易理解这部法律，得以遵守并避免触犯。经司马炎的批准，这两部注解与法律具有同等效力，所以，《泰始律》又叫"张杜律"。

颁布《泰始律》后，使法律制度变得通俗易懂，从而更加深入人心。另外，《泰始律》颁布之后，使整个国家管理显得更加有序。由此看来，《秦始律》的颁行，是司马炎在治理国家的成功措施。

鉴古知今，可见要想使一个团队成功，必然离不开严密的制度管理，只有制定明确的管理制度，才能使管理变得简单而有效。

一家美国的跨国公司自创立之初就非常重视"纪律"，所以处处都有明确规定，如每天早上的上班制度，是最好的例证。公司明文规定每天的上班时间是早上八点整，而八点零五分以后才报到的就要把名签在"英雄榜"上，以示自己已经迟到。即使是因为前一天晚上加班到半夜，第二天的上班时间仍是上午八点。

公司规定员工必须准时上班的最主要目的，是保证每件事都能准时开始，如公司会议、报告、专案进度以及最重要的"交货时间"。公司的成败在很大程度上取决于团队合作，如果有一个成员不守时都会影响团队进度，造成公司资源浪费，所以准时是最重要的。

其实一个公司能否严格执行规定，关键在于公司的管理者。其

第二章 司马炎对你说管理

实，这家公司的总裁在最初公司运行期间的纪律管理方面做得非常好。他严以律己，无论与谁约定见面，他都不会迟到，所以得到了很多人的赞扬。在工作中，除了准时之外，他还有令人震惊的耐力和意志力，一旦决定做什么，他一定会排除万难，全力以赴。如此严格的做事风格，使整个公司的运行也是如此，无论是制造、工程、财务部门，还是行销部门，他都有明确的规定。在人道主义盛行的美国，很多公司都宣扬人性管理，以重视员工为口号，但这位老总却视纪律为公司的根本，正因为如此注重企业自主管理的经验和方法，才使该公司的企业文化独树一帜。

在很多人看来，优秀的团队之所以优秀，是因为人才优秀，或者是曾经战绩显赫，其实不然，要想成为一流的团队，必须具有积极进取的精神、精诚合作的氛围和永不懈怠的战斗力。如果一个领导想拥有自己的优秀团队，必须苦心经营，从细节做起。

可见，完善的管理制度是团队走向成功的必要保证。如果没有完善的管理制度，或者有制度但不按制度运行，必然会致使工作无法顺利展开。因此，制度建设必须引起领导者的重视。如果管理者制定的管理制度得到大家的认可并能使大家积极遵守和执行，那么不仅提高了工作效率，更主要的是能充分发挥人的主动性。这必将也有利于其他工作的开展。同时，当管理者所制定的制度能为大多数人所服从，也会使自己脱身于"繁琐"的事务中。

领导在制定规章制度时，应遵循以下原则：

（1）制度不是孤立的。

任何规章制度都不是孤立存在的，它存在于企业管理机制中的规章制度系统框架之内。管理者制定的往往是部门的制度，所以在制定制度之前，应该考虑整个公司的规章制度的框架系统结构，确保不与公司的总制度相矛盾，然后再来设计具体事物的有关制度。做完这些之后还要将其试运行，经过一定时间的磨合和执行，如果在管理的力度、尺度等各方面互不矛盾，再正式颁布实施。

（2）制度高于一切。

有些领导常常随口说出一些规定和制度，这样做既不严谨，也不科学，而且极大地破坏了团队规章制度的权威性。一旦制度正式颁布，那就应该坚定地执行下去。如果对违反者采取不理会、不惩罚的态度，那就是对规章制度的藐视和破坏。再完备的制度，也要靠人员去执行。如果有章不循或者执行不严，那么规章制度只能是一纸空文。

（3）制度的可行性。

任何条文都必须是可以执行的，不能执行的条文和规定必须立即废止。因为它在实际情况中会破坏规章制度的权威性。另一方面，制度应该使每位员工在执行过程中体会到一种力度，即都要付出努力。例如，身体稍有不适，或家里有一般性的琐事，员工必须尽量要求自己坚持执行团队规章制度的要求。

（4）制度应该具体化。

在制定规章制度时一定要具体、全面，有明确的条文和实施细则，否则难以执行。很多制度往往由于只是包罗万象的抽象性规定，尽管内容丰富，覆盖面广，精神主旨正确，但往往被束之高阁，在针对具体问题时，难以对号入座。例如：有的管理部门规定上班时间"要严肃"，何谓严肃？公司并没有明确规定，所以在实际工作中就难以实施，即使领导者认为的"严肃"事情，在员工眼里可能不是这个样子，正所谓"仁者见仁"。所以，管理者一定要明确作出规定，并制定如何惩处违反规定的人的程序和细则。

（5）在执行制度时要做到公平。

其实，所有的规章制度在制定时的初衷都是对一切公司成员有效，如果有些员工违反了制度却不受惩罚，必然是对其他成员的不公，不但会引起其他员工的反感情绪，而且会显示出制度本身存在的虚伪性，所以应该做到在规章制度面前人人平等。诸葛亮曾经说过："我的心就像一杆秤，不为他人作轻重。如果做不到公平二字，就无法取得人心。"所以，一旦制度通过，团队领导就必须带头遵守。为了使制度顺利执行，管理者应该具有孔明上奏自贬三级的气度。管理者应该经受住"制度面前人人平等"的考验，尤其是在亲朋好友违反制度时，更要严加处罚。

（6）制度的弹性原则。

任何规章制度都有一定的精确度，而在精确度允许的范围之内称之为弹性。因为没有任何一种规定可以精确地限定所有事物，所以规章制度的弹性原则是必要的。但是，这种弹性又是有限的，制度的弹性不能过大，要严格按照制度上量的尺度和质的依据来具体操作，以免制度执行的走样和变形，更避免执行的随意性。另外，具体问题具体分析，有些制度的弹性不能过小，否则会给人造成制度死板和苛刻的印象。在实际操作中，管理者应把握好弹性原则，这样不但可以提高员工的工作效率，还可以使问题更容易解决。例如：某公司规定"超过上班时间五分钟为迟到"，其实五分钟就是弹性的体现，是考虑到在上班路上可能会发生"堵车"、"下雪"等特殊情况而多准备的一个条款。

另外，还有一个维持制度顺利执行的方法是"烫炉原则"。

"烫炉原则"首先表现在预先警告原则。一旦大家看到炉火是滚烫的，相信很少人去碰触它。如果你敢以身试法，将手放在火红的烫炉上，你立即就会被烫（即时原则）。简言之，就是无论你什么时候去触摸烫炉都会被烫到，不可能有例外，言外之意就是只要触犯规定就受到惩罚（一致性原则）。任何人，不分年龄、地位、声名，只要触摸烫炉，保证会被烫着。它不会因人而异（公正原则）。

所以，无论在什么时候，如果想要团队保持旺盛的生命力，就要制定明确而具体的制度，并且要严格执行。只有这样，整个团队才会有不竭的战斗力和生命力。

在教训中寻找真理

管理者作为普通人中的一员，即使有着超越常人的智慧，也不能够保证自己每次都作出正确的决策，所以管理者应具备一种能够从前人和自己失败的教训中吸取经验的品质，正所谓："前事不忘，后事之师。"只有懂得吸取之前的教训，并不断的做出改进，才能够最终找到正确的方法和道路，才能够走向成功。

魏元帝曹奂咸熙二年（265年）十二月壬戌日，晋王司马炎"受禅"

于魏元帝曹奂，于丙寅日登基为帝，史称晋武帝，改元为泰始。

司马炎当上皇帝后，承袭其前辈争取士族的作法——其前辈争取士族是为了夺取曹氏政权，而司马炎这么做则是为了经营政权，促成和巩固士族政治。但这只是他设想经营统治的一个方面，或谓之"一翼"，他同时还营造了另一翼，这就是分封诸王，以形成两翼齐鼓的势态。

丁卯日，即封皇叔祖司马孚为安平王；皇叔父司马干为平原王；司马亮为扶风王；司马伷为东莞王；司马骏为汝阴王；司马肜为梁王；司马伦为琅邪王；皇弟司马攸为齐王；司马鉴为安乐王；司马机为燕王；皇从伯父司马望为义阳王；皇从叔父司马辅为渤海王；而司马晃为下邳王；司马瑾为太原王；司马珪为高阳王；司马衡为常山王；司马文为沛王；司马泰为陇西王；司马权为彭城王；司马绥为范阳王；司马遂为济南王；司马逊为谯王；司马睦为中山王；司马陵为北海王；司马斌为陈王；皇从父兄司马洪为河间王，皇从父弟司马桥为东平王。

从祖父辈一直到自己的从父弟，晋武帝司马炎一下子分封了二十七位宗王。

两汉及曹魏都曾分封诸王，但是两汉，尤其是曹魏，对受封之王采取了许多限制措施。受封之王不能进入朝廷的权力中心，不参与朝廷的议政和决策，手中更不准掌握军权，因此，受封之王仅仅是受封邑者，享受到的只是较高的经济利益。当初才华盖世的曹植没能争得曹操的嗣位权，曹丕即位后被遣外为侯、王，他只能以一次次的上疏陈述自己的治国之见，但曹丕都没有采纳，最后他在郁郁不得志中死去。

晋武帝的分封宗王则不然，受封之王往往是爵位同官位并等的。他们或以侍中、诸公、中书监、中书令的身份参与朝廷的议政、决策，或以录尚书事的身份，代表晋武帝行使行政权力，或以将军、刺史、都督军事的身份镇守地方，对州郡行使行政权和军事统率权。而且受封诸王起初都留居京师，咸宁三年（277年）多数才被遣至各自的受封之地。

司马孚为司马懿的次弟，司马懿死后，他在司马氏家族里辈份最高。但他却有忠魏之心，司马懿专权时，他不参与废立之事；曹髦被杀，惟他敢枕尸于股而恸哭。司马师、司马昭因他属尊，不敢相逼。晋武帝驱曹奂登位，他又泣牵曹奂手，申表忠魏之心。晋武帝不但不敢把他怎么样，反而首封其为王，并晋太宰、持节、都督中外诸军事，因此，司马孚是受封诸王中首先同时握有"中央级"军政大权的人。但从史载看，司马孚虽在其位，却没有行其权、谋其政。

晋武帝司马炎在位期间，除了司马孚之外还授予其他约十六位宗王以军、政权力。需要说明的是，这十六位宗王，有的是袭位或后来受封的，不属于司马炎登基首封的二十七王。

咸宁三年，时任卫将军的杨珧和时任中书监的荀勖见到齐王司马攸在朝野当中威望很高，担心太子司马衷将即的皇位可能旁落，就依据司空裴秀所立的五等封建之旨，一起上表晋武帝说：

"古者建侯，所以藩卫王室，今吴寇未殄，方岳任大，而诸王为帅，都督封国，既各臣其统内，于事重非宜。又异姓诸将居边，宜参以亲戚，而诸王公皆在京都，非捍城之义，万世之固。"

晋武帝大概这时也已隐约感到宗王势力在京都发展有所不利，于是他下诏让当时多在京都的诸王就国，并对封国制度和封国置军制度进行了改革与调整。

为此，晋武帝首先规定了受封限制，规定非皇子不得为王，把封国

资格规定为自己的直系血统，其次实行推恩分封。他规定："诸王之支庶，皆皇家之近属至亲，亦各以土推恩受封。其大国、次国始封王之支子为公，承封王之支子为侯，继承封王之子为伯。小国五千户以上，始封王之支子为子，不满五千户始封王之支子及始封公侯之支子皆为男，非此皆不得封。"这样一来，诸王的子孙后代不仅不可能再永袭王位，而且封爵越往后越小，就难以成什么抗衡势力了。其次，晋武帝规定："大国始封之孙罢下军，曾孙又罢上军，次国始封子孙亦罢下军，其余皆以一军为常。"这样又使原来的封国置军处于不断削减的势态。

从理论上看，晋武帝司马炎的这些想法和措施可谓深谋远虑，可也就是这点又显示了他的所失。他上述想法的实现是要以相当长的时间为前提的，诸王的子孙更替绝非几年十几年的事情，所以待他所设想的结果实现时，他已不在人世了，而这种结果也不可能实现。他生前埋下的诸多隐患接踵而起：愚钝太子即位无力把握朝政；后党、外戚争权；权臣各为己利参与其间，各扶植、利用宗王势力达到争权目的；各宗王也就趁机在自己的封国上招兵买马、招降纳叛。其势不仅未像晋武帝所设想的那样被逐步削弱罢减，反而急剧扩大。

晋武帝在推行宗王分封的同时，也并行宗王出镇，这是顺理成章的事。宗王本来除封爵位，还被委以军政之任，这样他们拥兵出镇州郡就在所难免。

宗王出镇，拥兵于州郡，的确源于司马氏向魏夺权。曹操、曹丕乃至曹叡时代，都未曾有过宗王拥兵出镇地方的先例，因那时的宗室只有封爵而无军政之职和军政之权。司马氏父子在"嘉平政变"中取得朝政大权之后，开始在地方、军队中安插子弟、亲属，以掌握地方、军队，加固自己的权位。如司马昭曾以安东将军、持节，镇许昌，后又督都淮北诸军事，兼中领军，镇洛阳。司马孚曾西镇关中，统诸军事。司马望曾任征西将军、持节，都督雍、凉二州诸军事，在任达八年。司马骏曾任平南将军、假节，都督淮北诸军事，后转安东大将军，镇许昌。司马亮曾任左将军，加散骑常侍，假节，出监豫州诸军事，后又转镇西将军。司马伷曾任宁朔将军，监守邺城，后改任右将国，监兖州诸军事，又任兖州刺史。司马遂曾任北中郎将，督邺城诸军事。

但这还不属于严格意义上的宗王出镇，因为上述各位在当时都没有被封王，司马氏当时也还没有封王的权力。

真正的宗王出镇无疑只有在晋武帝司马炎登皇位后才出现。晋武帝在位期间，大致有十七位宗王出镇州郡，范围近乎达到全国各地，所统率的军队在全国军事力量中也占很大比例。

不论是留居京城的宗王，还是出藩或镇外的宗王，在晋武帝时代都没有挟制皇帝的倾向，没有在外藩私自发展势力，或拥兵自重，威胁朝廷。因为晋武帝到底还能把握朝政大权，能坐镇京师，指挥天下。他所营造的"两翼"——土族和宗王，还基本处于相互制约、互为平衡的状态之中。因此他在位二十多年，国家亦基本处于稳定发展之中，以至出现了中国历史上不多见的和平繁荣年景——"太康之治"。

问题在于晋武帝埋下了隐患。太熙元年（290年）四月，晋武帝去世，他的儿子司马衷即位。司马衷根本没有能力把握朝政，他眼睁睁地看着宗王势力急剧发展起来，压过了朝廷当中原先占据优势的士族势力，成为左右朝政的绝对力量，以至后来他自己都被赵王司马伦废除，赵王司马伦做起了皇帝。而这时出镇州郡或在封地的宗王们也在

大肆发展力量，成为实质上割据一方的独立势力。并且这些手握重兵的宗王打着清君侧的旗号，展开了混战，造成了长达十六年的"八王之乱"。西晋王朝由此元气大伤，并且迅速衰落。

至此，晋武帝希望通过翼能互相制约、共处平衡，从而使朝政能处于平稳，使司马氏的江山永固的理想最终破灭。

其实这实质上是每个封建帝王、每个封建王朝都无法跨出的"怪圈"。

周朝分封诸王后，诸王架空天子而失天下，东汉以大臣拥兵变诸侯而失控丢江山。曹魏以为其能吸取教训，虚封诸王，严控拥兵镇外的大臣、将军，大权独揽于帝室，谁知又在朝政中出了漏子，司马氏集团就崛起于朝廷之中。几经搏击，司马氏结合在野的士族势力，终于击败在朝的官宦势力，将朝廷的军政大权一步一步地揽了过去。帝室孤立，诸王远政，拥兵镇外的大臣、将军或被撤换，或因孤立无援不敌司马氏率领的"中央大军"而被剿灭，以至于魏帝最后变成孤家寡人，毫无挣扎之力。

司马炎显然又在"吸取教训"。他的顾及可谓"全面"。为避免曹魏最后出现的帝室孤立现象，他重取周代的分封制度，大封宗室为王，且赋予政、军之权，希望宗室之王能对抗如当初司马氏一样的在中央政权中崛起的权臣，以屏藩帝室；又为避免周代出现的诸王不驯、终压天子的现象，他促成、巩固了一个以土族为主要成分的朝政机构，以制约宗王势力。

虽然最终司马炎改进之后的道路任然问题重重，但是司马炎这种精神却是作为一个管理者应该学习和具备的。下面的故事就说明了改革的重要性。

有一个被渔民尊为"渔王"的渔夫，有着一流的捕鱼技术，然而在年老时，他的三个儿子捕鱼技术却都很平庸。因此，他非常苦恼。

所以他经常向人诉说心中的烦恼："我真搞不清楚，我捕鱼的技术这么好，我的儿子没有一个遗传到的，他们个个技术都很差。从他们懂事起我就传授给他们捕鱼技术，而且是从最基本的东西教起，告诉他们如何织网才最容易捕到鱼，如何划船不会惊动鱼，如何下网又最容易请鱼入瓮……我多年来辛辛苦苦总结出来的经验，我都毫无保留地传授给他们，可是他们并没有学有所成，他们的技术连普通渔民的儿子也赶不上！"

一位路人听了他的苦恼后，问道："你一直是手把手地教他们吗？"

"是的，为了让他们有一流的捕鱼技术，我教得很仔细。"

"那他们一直跟着你去捕鱼吗？"

"是啊，为了让他们少走弯路，我一直让他们跟着我学。"

路人说："如果是这样的话，他们没有什么错，错在你。你只是传授给他们捕鱼的技术，却没有传授给他们捕鱼失败的教训——对于才能来说，没有教训就如同没有经验一样，所以难成大器。"

经验和教训永远是人生中的一笔财富，我们从中学到的东西要比单纯地学习理论更加实用。适时地让自己经受这个社会的历练！才能够真正地长大。

彼得·杜拉克说："管理是实践而不是实施，管理不是了解而是行为。"没有现成的管理条例供你实施，管理是在实践活动中逐步改进，从而找到正确的方法。这就要求管理者在管理实践中，勇于探索，勇于犯错，勇于承担责任。有责任才有动力，有目标才有方向，有实践才能改进，有改进才能正确，只有这样团队才会一步步地走向成功。

一直引领着电子产品新潮流的索尼公司，曾在《财富》杂志年度世界五百强排行榜上排名第三十一位。但很少有人知道，他的前身是一个街道小企业。创始人之一的盛田昭夫从零开始，历经曲折、坎坷，带着索尼一步步走向辉煌，最终把它做成了跨国公司。

1946年，索尼公司的前身——东京通信工业公司成立了，这是盛田昭夫与井深大一起奋斗创建的。公司开创不长，他们就取得了新的进展，他们利用自己在物理学方面的专长，研制出了磁带录音机及磁带。这种录音机比原有钢丝录音机具备了三大优势：第一，革新了技术，使用方便；第二，录放的音质高，效果好；第三，比原来的成本大大降低。在有关专家鉴定的时候也是好评如潮，很多人都认为这种新型录音机一定能畅销。

盛田昭夫怀着激动的心情把它推向了市场，但是结果很出乎众人的意料，这种录音机不被大多数的购买者所接受。后经多方论证，原来是很多人还不清楚这种产品是干什么用的。于是，他开始大量搞推销宣传活动。他用汽车拉着产品，到公司、学校、商店以及任何人群聚集地去展示新产品。当用这种录音机录下人们的谈话，然后再放出来时，所有的人无不感到惊奇万分。经过一段时间之后，购买的人却依旧很少，这是为什么呢？原来大家都有同样的感觉：这东西确实很新鲜，也很实用，不过，如果把它买来做娱乐，价格就有些贵了。

事实让盛田昭夫非常失望，他一度怀疑自己是不是错了：压根就不应该生产出这个东西？不过他还是坚持着自己的信念。有一天，一件偶然的事情却让他明白了。他在一家古玩店发现：有一个非常破旧的瓶子，在别人眼里看来是没有什么实用价值，结果一位顾客毫不犹豫地以高价将它买下了。这件事让盛田昭夫茅塞顿开：原来不是产品的问题，是自己销售方式的问题。任何事物对于适用者才有价值，正所谓物尽所值，才能物尽其用。一定得面向能用得到它的人来推销，那样新产品才会畅销。杜拉克认为："有效的管理者能够排除任何影响他们工作的障碍。"任何人都一样，工作中没有障碍几乎是不可能的，但是有效的工作者一定能够克服困难，排除障碍。盛田昭夫无疑是这样的人。

后来，盛田昭夫偶然得知，一些企业缺少速记员，有的公司的速记员不得不经常加班，于是，他马上带着自己的产品去推销，果不其然，很快就有企业大批订货了。一次成功的推销，使他开始认真地研究市场。当时的日本，学习英语的风气已经普及开来，很多学校都开设了英语课。但是当时的英语老师不多，而且学习英语要练习口语和发音，没有一种十分适合学习英语的工具。得知了这一情况，盛田昭夫和井深大针对学校的实际情况，连续废寝忘食了几个昼夜，克服了一个又一个的难题，设计并制造了一种价格低廉、体积小，适合学校使用的磁带录音机。结果在当地的学校大受欢迎。就这样，录音机便迅速普及到全国各地的学校。销路一打开，磁带录音机成了热销货。

连续的困难给了盛田昭夫和井深大很多的阻力，他们的公司也一度受到质疑，但是正是这种勇于创新和探索的精神在支撑着他们，他们也因此获得了丰厚的回报，索尼公司由此奠定了一个坚实的基础。

世上根本不存在"绝对"二字，任何事情都是相对的。任何一个管理者都不可能是神，所以不可能做到万无一失。在管理过程中，管理者要有明确的目标，并且在追求的过程中不断改进方式和方法。任

何事情都不是一帆风顺的，所以遇到问题是正常的，当面对问题时，态度要积极，更要认真思考，找出问题所在之处，努力寻求解决的办法。任何事情的运行既没有绝对的正确，也没有绝对的错误，只有绝对的努力和改进。

整个社会和时代都处在变化中。同样，商场中亦是如此。在商界，顾客数量、市场竞争格局、市场地位和占有份额都会发生变化，当然，管理也会发生变化，并且有着很快的变化速度，这会令管理者应接不暇，产生无所适从的感觉。瞬息变幻的东西，使很有名望的预测家也不敢轻易下结论。所以，那些害怕变化莫测未来的管理者缺乏主见，只会因循守旧，希望借此仍能有所成就。

现实中，大量的实例告诉我们，在这个瞬息万变的时代，团队面临的机遇和挑战是同时并存的。竞争的格局改变了，变革本身的性质也改变了。最重要的是，变革已经成为大部分团队发展的手段，它普遍而且持续。团队之间的兼并和收购时刻发生，同时也时刻改变着竞争的结构和稳定。新材料、新技术的不断出现，顾客需求和期望的不断上升，使得产品生命周期急剧缩短。所以，现代团队要应对变革的形势必须进行文化上的变革。

面对竞争带来的变化，团队要时时刻刻进行改革，但是同时，团队的决策本身就有一定风险性，任何人进行冒险决定都有犯错误的可能。一个团队的发展过程，就像一个人的成长，不可能不出现差错和失败。如果失败了，就一定要承认自己的错误，并且在认真总结后吸取教训。

在团队管理中，没有永远的正确，也没有永远的神话；不会有永远的错误，也不会有永远的罪人。昨天的"异端"可能是今天的真理，昨天的"真理"可能就是今天的错误。或许你已错过，或许你的错误还没发生，但你一定要相信，在管理过程中，没有不犯错误的，但是，要学会从错误中吸取教训。

妥善解决下属的纷争

在一个团队内部，下属之间发生某些冲突，这是难免的。如果冲突双方能够自我调整，协商解决问题，那是最好的结果。但这种可能性并不是很大，因为人在利益冲突面前是很难做到克制自己，认真剖析自己，客观认识事情的，结果只会导致双方针锋相对，谁也不愿意让步。这个时候，就需要管理者的介入，管理者一旦介入，就要尽快将冲突解决掉，不要将冲突延续下去。

司马炎作为开国皇帝，其最重要的一点功绩，就是平定吴国割据势力，统一全国。伐吴、平吴的几位主要将领中，当以王浑、杜预和王濬三位最为功勋显赫。如果再比这三位，吴军的精锐，即由丞相张悌所率领的"举全吴精兵"，是被王浑及其所部消灭的。杜预在完成前阶战事后奉晋武帝之诏，"当镇静零、桂，怀辑衡阳"，"分兵以益濬、彬"，因此在战绩上有逊王浑，但他多次上疏力主伐吴，促使武帝下定伐吴决心以及确保伐吴战事不由贾充等干扰而中断，却是王浑、王溶无法比的。王濬造船有功，继而从巴蜀至建业，长驱千里，不论克城之数还是灭敌之数，亦都在各路平吴大军中独占鳌头，尤其是他挥师占领石

头城，纳降孙皓，历史依此界定吴国灭亡，晋再次继汉之后统一全国，这一功绩，自然也非他人可比。

杜预曾上疏晋武帝言其长在政史，而非武功，平吴还镇后即要求退出武界。再从杜预当王濬兵至西陵时致书王濬，免除自己对他的节制，鼓励他径取建业完成"旷世一事"看，杜预显然是一位有自知之明而无惮忌他人之功的高风亮节的人。果然，他"既立功之后，从容无事，乃耽思经籍"，以著述为自得。史书将杜预与羊祜并列其传，称赞他"不有生知，用之则习，振长策而攻取，兼儒风而转战"，绝非妄加之词。

王浑则不然。他消灭孙皓中军、斩张悌等人之后，顿兵不敢进。王濬入建业、掳孙皓的第二天，他才渡江入建业。入城后，他以高一级统帅自居，登临建业宫，酾酒高会。但认为自己先据江上，破吴军主力，"受诏但令屯江北以抗吴军"，结果在王濬后入建业，王濬等先他受降孙皓，因此"意甚愧忿"，于是频奏王濬罪状，这就有了平吴之后，二将争功的史事。

史载二将争功的史事，有所不一。《晋书·王濬传》记王濬降孙皓后将孙皓送于京师。《资治通鉴》卷八十一晋纪三则记何攀劝王濬送孙皓与王浑，由是事情得解。《三国志·吴书·孙皓传》则记司马伷因为酷致印缓于己，则遣使送孙皓，至于送到哪里，没有记载。其他一些史书对此含糊其词。

另外，对孙皓送降书、致印绶之事，史书记载也有漏洞。如《晋书·司马伷传》记"孙皓奉笺送玺缓，诣伷请降"，在《王浑传》中亦记"孙皓司徒何植、建威将军孙晏送印节诣浑降"，在《王濬传》

孙皓致王濬的降书中则记"谨遣私署太常张夔等奉所佩玺绶，委质请命"。即便把何植、孙晏奉王浑的"印节"理解为他们自身为将的印节，上述仍有两套玺绶，这显然不可能，降书可以分送，帝王的玺绶只有一套，总不能分送吧！

但不管怎样，王浑非要和王濬争功。他上表晋武帝说王濬违诏不受节度，诬以罪状。王浑是晋武帝的亲家，其子王济娶了晋武帝之女常山公主为妻，故王浑有所依恃。于是有司奏请武帝以槛车征王濬，送廷尉治罪。这样一来，如果王濬被按违诏治罪，平吴的首功自然由王浑获得。

晋武帝司马炎虽然没有同意以槛车征王濬来治罪，但还是下了诏书责王濬说："伐国事重，宜令有一。前诏使将军受安东将军浑节度，深思谋深重，案甲的待将军。云何径前，不从喻命，违制昧利，甚失大义。将军功勋，简在朕心，当率由诏书，崇成王法，而于事终恃功肆意，朕将何再令天下？"

分析王濬的心理，他当时当然有夺首功的想法，加上杜预遣书释制、鼓励，他也就把受王浑节制的事置于脑后，舟不收帆，直取建业，一举降吴。立功之心，人皆有之，无可厚非。况且"将在外君命有所不从"。王濬当时直抵金陵的战机完全成熟，以兵家之理度之，实也没必要再收住气势，受王浑调度后，再重新鼓气入战。王浑如此待王濬，起码是保守了；而他之后又以此弹劾王濬，显然又是出于妒功，因为作为一方统帅，他不会不明白一鼓作气，兵贵神速等兵家之理的。

面对这种情况，王濬只得上疏，自辩：

"臣前被《庚戌诏书》曰'军人乘胜，猛气益壮，便当顺流长骛，直造秣陵。'臣被诏之日，即便东下。又前被诏书云'太尉贾充总统诸

第三章 司马炎对你说管理

方，自镇东大将军伷及浑、濬、彬等皆受充节度'，无令臣别受浑节度之文。

臣自达巴丘，所向风靡，知孙晧穷踧，势无所至，十四日至牛渚，去秣陵二百里，宿设部分，为攻取节度。前至三山，见浑军在北岸，遣书与臣，可暂来过，共有所议，亦不语臣当受节度之意。臣水军风发，乘势造贼城，加宿设部分行有次第，无缘得于长流之中回船过浑，令首尾断绝。须臾之间，晧遣使归命。臣即报浑书，并写晧笺，具以示浑，使速来，当于石头相待。军以日中至秣陵，暮乃被浑所下当受节度之符，欲令臣明十六日悉将所领，还围石头，备晧越逸。又索蜀兵及镇南诸军人名定见。臣以为晧已来首都亭，无缘共合空围。又兵人定见，不可仓卒，皆非当今之急，不可承用。中诏谓臣忽弃明制，专擅自由。伏读严诏，惊怖悚}栗，不知躯命当所投厝。岂惟老臣独怀战灼，三军上下咸尽丧气。臣受国恩，任重事大，常恐托付不效，孤负圣朝。故投身死地，转战万里，被蒙宽恕之恩，得从临履之宜。是以凭赖威灵，幸而能济，皆是陛下神策妙算。臣承指授，效鹰犬之用耳，有何勋而恃功肆意，宁取昧利而违圣诏。

臣以十五日至秣陵，而诏书以十六日起洛阳，其间悬阔，不相赴接，则臣之罪责宜蒙察恕。假令孙皓犹有螳螂举斧之势，而臣轻军单入，有所亏丧，罪之可也。臣所统8万余人，乘胜席卷。皓已众叛亲离，无复羽翼匹夫独立，不能庇其妻子，雀鼠贪生，苟乞一活耳。而江北诸军不知其虚实，不早缚取，自为小误。臣至便得，更见怨恚，并云守贼百日，而令他人得之，言语口尊口沓，不可听闻。

案《春秋》之义，大夫出疆，由有专辄。臣虽愚蠢，以为事君之道，唯当竭节尽忠，奋不顾身，量力受任，临事制宜，苟利社稷，死生以之。若其顾护嫌疑，以避咎责，此是人臣不忠之利，实非明主社稷之福也。臣不自料，忘其鄙劣，披布丹心，输为肝脑，欲竭股肱之力，加之以忠贞，庶必扫除凶逆，清一宇宙，愿令圣世与唐虞比隆。陛下粗察臣之愚款，而识其欲自效之诚，是以授臣的方牧之任，委臣以征讨之事。虽燕主之信乐毅，汉祖之任萧何，无以加焉。受恩深重，死且不报，而以顽疏，兴错失宜。陛下弘恩，财加切让，惶怖征营，无地自厝，愿陛下明臣赤心而已。"

王浑又把扬州刺史周浚的信上呈晋武帝，弹劾王濬部下掠得孙皓宝物，放火焚烧孙皓宫殿，云云。

王濬复上疏晋武帝，引古据今，抗辩颇为激烈，又陈述情况云：

"伪吴君臣，今皆生在，便可验问，以明虚实。前伪中郎将孔摅说，去二月武昌失守，水军行至。皓案行石头还，左右皆跳刀大呼云'要当为陛下一死战决之。'皓决大喜，谓必能然，使尽出金宝，以与之。小人无状，得便持走，皓惧，乃图降首。降使适左右劫夺财物，掠取妻妾，放火烧宫。皓逃身窜首，恐不脱死，臣至，遣参军主者救断其火耳。周浚以十六日前入皓宫，臣时遣记室吏往视书籍，濬使收缚。若有遗宝，则濬前得，不应移踪后人，欲求苟免也。"

接着王濬又言自己束军一向严格，到金陵之后秋毫不犯，且登记市场，明从券契，对违者严惩，凡斩十三人，吴人皆知。而那些抢掠的士兵则诈称自己为王濬麾下，已被收拘二十多人，书其督将姓名报付周浚。王濬进而还揭示了王浑、周浚谎报战果邀功的劣端。

最后王濬揶揄道："浑案臣'瓶罄小器，蒙国厚恩，频繁擢叙，遂

过其任。'浑此言最信，内省惭愧。今年平吴，诚为大庆，于臣之身，更受咎累。既无孟侧策马之好，而令济济之朝有谗邪之人，亏穆穆之风，损皇代之美。"

王濬到达京师后，有司奏罪。晋武帝下诏说："濬前受诏径造秣陵，后乃下受浑节度。诏书稽留。所下不至，便令不受诏同责，未为经通。濬不即表上被浑宣诏，此可责也。有战伐之劳，不足以濬掩之。"

有司又奏说王濬赦后烧贼船135艘，应付廷尉禁推，晋武帝下诏说"勿推"。

王浑向王溶争功，连当时奉周浚之命游说王浑勿坐等的何恽都有言："《书》贵克让，《历》大谦光。前破张悌，吴人失气，龙骧因之，陷其区宇。论其前后，我实缓师，既失机会，不及于事，而今方竞其功；彼既不吞声，将亏雍穆之弘，兴矜争之鄙，斯实愚情之所不取也。"可见王浑争功，是亏于理的。

晋武帝见二将争功不已，就命廷尉刘颂权衡其事。刘颂权衡的结果是王浑上功，王濬中功。晋武帝显然心中早有定数，认为刘颂折法失理，遂将刘颂降职为京兆太守。

不久，晋武帝下诏封赏平吴诸将；增贾充邑八千户；以王濬为辅国大将军，封襄阳县侯；杜预为当阳县侯；王戎为安丰县侯；琅邪王司马仙的两个儿子为亭侯；增京陵侯王浑邑八千户，晋爵为公；尚书、关内侯张华晋封一子为亭侯。晋武帝又以平吴功，策告羊祜庙，封羊祜夫人夏侯氏为万岁乡君，食邑五千户。

晋武帝因刘颂权功不平而将他贬谪为京兆太守，显然在其心目中王浑和王濬起码是功勋相当的，刘颂大概惮于王浑是皇亲，故而砝码有所偏移。不过，刘颂如果把砝码移到王濬这一边，兴许会得到同样报应。看来刘颂是"蒋门神遇武松，怎么着都得挨揍"了，因让你权功必有一二之分，但不管你将砝码怎么移，到头来都得受过。刘颂其实是晋武帝转嫁矛盾，实现平衡的一个牺牲品。

晋武帝的封赏基本是按王濬、王浑战功相等的标准进行的。王濬的起点低于王浑，这次是诸将中唯一得双封，又晋职位又加爵位的人。王浑原来就是侯，这次晋爵为公。王浑在原食邑基础上增八千户，王濬则邑万户——他以前无邑户之封。可见晋武帝在封赏上还是稍偏于王濬的。

晋武帝在王浑和王濬的纠纷中，并没有武断的处理，也没有听信其中一方，而是很理智的对纷争进行了处理，达到了团结稳定内部关系的目的。

下属的纷争，主要是指人们在利益、意见、态度及行为方式诸方面不协调，相互之间发生的矛盾激化状态。这些冲突给正常的生活秩序造成不同程度的危害，对目标的实现起着负效应影响。

在工作中有效防止和解决冲突，就要抓准矛盾焦点。无论是个人之间还是群体之间，当冲突尚未发生之时，某一矛盾积累的问题，成为双方关注、争执、互不相让的焦点，如政治方面的某个观点，切身利益的具体项目，道德方面的某一行为倾向，情感方面的隔阂等。如双方继续在某个焦点上积累矛盾，发展到一定程度，就会围绕这一点形成冲突。

社会学家认为，一个群体间的矛盾就像是一个大气球，必然是越积越多。因此，必须在达到爆破的极限前，先释放一些气，避免矛盾的激化，也就不至于形成冲突。

德
服
天
下

司马炎有话对你说

当人们普遍就所关心的问题作了较偏激的反应时，就会形成一种时尚心理，这种心理的突出特点就是情绪色彩浓厚，相互传染快。这些情绪色彩显现在外，就是对有关领导产生了较强烈的对立情绪，特别是当一部分人的要求得不到满足时，这一特点就更加明显。领导如不及时加以疏导，这种对立情绪就会恶化并引发冲突。对此领导必须从理顺情绪入手，疏通宣泄渠道。

当下属之间出现矛盾时，处理这种矛盾，是足显领导管理水平的。处理得好，化干戈为玉帛，共同进步；处理不当，矛盾终会导致"白热化"。到此程度，领导也就很棘手。以下是妥善处理矛盾的几个方法。

（1）冷处理。

当两名下属出现摩擦时，你首先要保持镇静，不要因此风风火火，甚至愤怒不已，这样你的情绪对矛盾双方无异于火上浇油。这时不妨也来个冷处理，不紧不慢之中，会给人以此事不在话下之感，人们会更相信你能公正处理。假如你自己先"一跳三尺"，处理起来显然会不太合适，效果也不好。

当双方因公事而发生"龃龉"时，"官司"打到你的眼前，这时你不能同时向两人问话，因为此时双方矛盾正处于顶峰。此时问话，双方定会在你眼前又大吵一顿，让你也卷入这场"战争"，双方可能由于谁最先说一句话，而争论不休。到底是先有鸡后有蛋，还是先有蛋后有鸡，此时是争论不出个一二三的。这种细节问题，也委实难以证明谁是谁非。不妨倒上两杯茶，请他们坐下喝完茶让他们先回去，然后分别约见。单独约见时，请他平心静气地把事情的始末讲述一遍，此时你最好不要插话，更不能妄加批评，要着重在淡化事情上下功夫。

事情往往是"公说公有理，婆说婆有理"，两人所讲的当然会有出入，且都有道理，你在一些细节问题上也不必去证明谁说的对。但是非还是要由你断定的。当你心中有数了，此时尽管黑白已明，也不要公开说谁是谁非，以免进一步影响两人的感情和形象。假如你公开站在甲方这边，显然甲方觉得有了支持气焰大涨，而乙方则会觉得你偏袒甲方。你不妨这么说："事情我已经清楚了，双方完全没有必要吵得这么凶，事情过去了就不要再提了。关键是你们要从大局出发，以后不计前嫌，精诚合作。"相信经过几天的冷静，双方就会合好如初。

　　（2）模糊处理。

　　如果你的团队是新旧合并的，而你作为新团队的领导，切忌不要有嫡系观念。即使你不如此，也很容易出现新旧两派之争。这种矛盾较之两个人之间的矛盾影响更大，危害也更大。因为双方势力都很强，都有自己的固定成员，双方容易形成对峙状态，最终会使团队利益受损。

　　作为领导的你处在这种关系中要善于迎合双方心理，做到不维护任何一方，更不能有嫡系观念。要在团队成立的第一天就讲明："现在我们是一家人，愿双方通力合作，为新团队的发展做贡献。"

　　如果双方出现了矛盾，则定要圆满解决。可分别向两方了解情况，采取"非官方"的态度，跟双方"谈心"，此时决不能像处理两个人的矛盾那样过于正式。交谈中旁敲侧击地了解双方的矛盾所在，要善于听别人发牢骚，找出双方争议的关键所在，然后再进一步实行改善行动。或者也可以把过失揽到自己身上："这些问题都怪我事先没考虑清楚，以致于造成今天的局面，今后一定注意。另外希望双方破除'门户之见'，以后互相体谅，为团队大业共同献计献策。"这样说一些无关大

局的话，把错揽在自己身上，双方也就没有什么怨言了，这就是所谓的模糊处理。

（3）回避矛盾。

作为一个领导，有时公平的确很难做到，有人说世间没有绝对的公平，其实这句话是很有道理的，人们不可能不受主观的影响。当你无法做到公平，或不可能公平时，我们不妨退一步。也许"退一步海阔天空"。

法律上有一种制度叫做"回避"。指执法人员由于某种原因不便参与该案的审判时，主动或经人申请退出这种案件的审理、调查工作。我们不妨借用一下，实在不行了，就回避。回避不意味着退缩，它本身就是一种公平。从某种意义上说，你回避了更能显示你的公平。

谁是谁非，你不去过问，而由别人处理。这并不是要领导者们学会推卸责任，而是对一些不可解决的问题进行处理的一种不得已之计。如果你的一位非常得力的下属与你有近亲关系的下属发生争执，你不妨把这件事交给副手去处理，自己不要去过问。这样做对公私双方都不无裨益，对公，有利于保护你的得力手下，对单位当然有好处，同时也树立了自己的威信，从而赢得了下属信任；于私则有利于你们的微妙关系。最终，还能让事情圆满解决，何乐而不为呢？

因此，只有正确的对待下属的纷争，及时地将纷争化解、平息，才能够达到团队内部的团结。

聚人心者得天下

"得人心者得天下"是中国古人在几千年的历史长河中通过实践总结出来的至理名言。自古以来，多少朝代因民心所向而崛起，因失去民心而衰落。在我们当今时代的管理活动中，对于人心的力量，同样不能忽视，只有真正的赢得了人心，才能够将管理做到位。

司马炎从政时，很懂得管理之道，他知道为政之道，得人心者得天下，于是运用"治人先治心"的管理方法，来稳固自己的统治。

当时的风气，人们都比较看中身份地位，于是他就对自己能够触及到的范围，都大加封赏。

首先，对于禅让帝位的曹奂，司马炎封为陈留王，并在其他方面对其进行补偿，曹奂的生活水准和身份待遇都不比原来差，已成为陈留王的魏帝享受当皇上时的部分待遇，连上书都可以不称臣。同时又封安乐公刘禅子弟一人为驸马都尉

其次，对于拥戴有功的大臣，司马炎也大加封赏，安抚人心，许多大家族都被封为公侯。短短几年，晋武帝就封了五十七个王，五百多个公侯。

另外，对于旧臣，司马炎能够做到待遇依旧。蜀汉灭亡不久，晋武帝为了稳定巴蜀人心，又提拔了一批原在蜀汉当官的人进京当官。

德服天下

司马炎有话对你说

司马炎通过这些手段，稳定了高层中的人心，接下来，就是要稳定下层人民。

泰始元年（265年）冬十二月，晋武帝司马炎"受禅"继位，改元开国之时，对于没有生活自给能力的人，每人发粮食五斛，免去天下租赋及关市之税一年；对于那些负有债务、长时间难以偿还的人，则不收租税。旋即又连下诏书，大力提倡节约，拿出御府当中的珠玉玩好之物，颁赐王公以下的官员，免除百姓徭役，"禁乐府靡丽百戏之伎及雕文游畋之具"。当然，晋武帝拿出御府珠宝颁赐王公以下，主要出于笼络百官的意愿，但对于他不尚物，不把一切归于已有这一点，还是应当看到，这一点也从一个侧面折射出他喜好简约生活的性格。

第二年的正月，也就是登基后的第二个月，晋武帝又派侍中候史光等人持节到各地巡察，检视风俗，"除禳祝之不在祀典者"；"有司请建七庙"，他觉得劳役太重，没有准许；随后，又"罢鸡鸣歌"。

在皇族殡葬方面，晋武帝也反对铺张，反对劳民、反对影响百姓正常生活。泰始二年（266年）冬下诏说："昔舜葬苍梧，农不易亩；禹葬成纪，市不改肆。上惟祖考清简之旨，所徙陵十里内居人，动为烦扰，一切停之。"

泰始四年（268年）春，晋武帝亲率王公卿士耕于藉田。又制定出新律令颁行天下，"将以简法务本，惠育海内。宜宽有罪，使得自新，其大赦天下"。

这年六月，再次下诏要求"郡国守相，三载一巡行属县"，要"见长吏，观风俗，协礼律，考度量，存问耆先，亲见百年"；要"录囚徒，理冤枉，详察政刑得失，知百姓所患苦"；要"敦喻五教，劝务农功，勉励学者，思勤正典，无为百家庸末，致远必泥"。要以哪些方面衡量长吏的政绩呢？晋武帝教诲地方官员说："田畴辟，生业修，礼教设，禁令行，则长吏之能也。人穷匮，奸盗起，刑狱烦，下陵上替，礼义不兴，斯长吏之否也。"他进而要求："若长吏在官公廉，虑不及私，正色直节，不饰名誉者"，要对其"扬清"、"举善"；而对那些"身行贪移，诐黩求荣，公节不立，而私门日富者，并谨察之"，而且要对其"激浊"、"弹违"。

七月，晋武帝再遣使者候史光巡行天下，考察民情。九月，青、徐、兖、豫四个州遇洪涝灾害，晋武帝不仅下令开仓赈民，而且严厉要求"虽诏有所欲，及奏得可而于事不便者，皆不可隐情"。也就是说，朝廷如不全面了解实情，所行救灾事宜有不符实情的地方，官员必须如实反映，不得有所隐匿。

十二月，晋武帝颁布五条诏书给各个郡国，作为处政基本原则：一是要正肃己身；二是要勤勉于百姓；三是安抚恤孤儿鳏寡；四是要教化民生最根本的东西，不要缠绕于枝节问题；五是要力求依法令办事，去个人好恶。之后不久，晋武帝亲临听讼案，录廷尉洛阳狱囚，亲自平决案事。虽然，先前的曹操曾实行了比较宽松开放、节俭求实的治国战略。而到了曹丕，社会风气腐败。可以说司马炎清楚地看到了当时的老百姓的愿望和心声，知道群众想什么、盼什么；希望什么，反对什么，所以他的政策得到了广大人民群众的支持。

泰始五年（269年）二月，青、徐、兖三州再遇水患，晋武帝派遣使者，赈恤受灾的百姓。泰始六年七月，陇右五郡不少百姓家遭寇害，晋武帝下令免其租赋；对于损失惨重的、难以再有谋生能力的人，则由国

第三章 司马炎对你说管理

家济贷之。

　　泰始七年（271年）六月，中原一带大雨连日，伊川、洛水、黄河水浸四周郡县，四千多户人家被淹，三百多人遇难。晋武帝下诏赈贷灾民，并给遇难者以棺木。

　　泰始八年，陇右四郡再遇寇害，下诏免受害者田租。

　　泰始九年（公元273年）冬十月辛巳，他命人定制，规定民间女子年至十七岁而父母不让出嫁的，由政府代选配偶。

　　泰始十年（274年）春，晋武帝再率王公卿士，躬耕于藉田。

　　这年六月，晋武帝又临听讼观录囚徒，亲自审理后，多数遣返归家。

　　咸宁元年（275年）二月，晋武帝考虑到军中将士已婚娶的人已经众多，军饷不足以奉家，于是下令对家有五个儿女的给予双倍薪饷。

　　第二年春天，晋武帝身染疾疫不能上朝，群臣都十分不安。待晋武帝病愈，群臣带着礼物，给晋武帝祝寿、请安。晋武帝大病康复，本是十分高兴的，但见到这种情形，转喜为忧，于是下诏说："每念顷遇疫气死亡，为之怆然。岂以一身之休息，忘百姓之艰邪？诸上礼者皆绝之。"咸宁五年（279年）三月，青黄不接，四处饥荒不断传到晋武帝耳中，他断然下令，后宫中御膳的费用减去一半。

　　经过十几年的治理，到了太康元年（280年），晋王朝的国力已经十分强大，但是晋武帝仍然没有忘记体恤民情疾苦，即使是对平吴后原吴国的子民也是如此。灭吴后，他立刻下令废除了原来的苛政，示之简易，并让孤老困穷的人聚饮五天，以表忱恤。

　　太康元年四月，河东、高平两地遭冰雹，秋季农作物受损。晋武帝派遣兼侍中张恻、黄门侍郎朱震，分别去两地，慰问灾民。

德服天下
司马炎有话对你说

太康五年（285年）七月，晋武帝下诏减天下户课三分之一。六年八月，又减绵绢三分之一。七年十二月，他裁减后宫才人、伎女们以下、二百七十人归家重聚天伦。

晋统一全国之前，魏、蜀、吴共有户一百四十六万，人口七百六十七万。在太康元年（280年）平吴后，晋已有户二百四十多万，人口一千六百多万人，比三国时期，户增一百万，人口增一倍以上。到了太康三年（282年），国家已经有户三百七十万，几乎增加了二分之一以上。

司马炎在执政过程中，他推行治人先治心的管理之道，起到了很好的管理效果。因此，司马炎的管理之道，非常值得当代的管理者借鉴。

中国有句古话："得人心者得天下。"无论是在历史上还是现实中，这句话一直透出智慧的光芒。日本麦当劳的社长藤田曾经谈到，他发现感情投资在所有投资中花费最少，回报率最高。做人就是如此，要想在处世中运用人情，就要先学会储蓄人情，为人情开个"账户"，危急关头，拉人一把，讲义气的人一定会加倍地偿还你的人情。

在我国古代小说中，著名的《水浒传》就是一部管理学的宝典。宋江作为领导，其实：貌黑身矮，出身小吏，文不能安邦，武不能服众，手无缚鸡之力，身无寸箭之功。他武不如林冲、花荣，文不如吴用和公孙胜等。之所以能够将一百零八个不同个性的人才聚集在梁山上，与强大的朝廷相抗衡，说明宋江很强的管理能力。宋江的管理之道，不外乎得人心。宋江为人慷慨仗义疏财，做人做事义气为重，为江湖好汉敬重，众人仰慕纷纷来投，甚至都愿意跟他死在一起，宋江之所以能够成功，实际上最重要的一点就是得人心。团队发展和在市场上竞争之所以

德服天下

司马炎有话对你说

能够取胜，有一点是非常重要的，就是比竞争对手更有效地满足目标顾客的需求。还有一点就是比竞争对手更得人心。

得人心就要一视同仁，不要轻视任何一个看似不重要的人，因为每个人都有其优点和长处值得我们去发现和学习。作为领导，更不要轻视自己的下属，因为他既然能够留在当前的职位上，就有他存在的价值。

曾有这样一个寓言故事：很久很久以前，在一座巨大的森林里，生活着许许多多的小动物，它们共同生活着。

有一天清晨，兽中之王狮子还在草地上睡觉，但是有一只小老鼠却在一旁叽叽喳喳地，结果把狮子吵醒了。狮子醒来后大发雷霆。它凶狠地说："是谁把我给吵醒的！快出来！"

"对不起，大王，是我。"老鼠真诚地说。狮子见了老鼠，不由自主地哈哈大笑："原来是一只小老鼠啊，你就不怕我吃了你吗？""大王，您放我一马吧！我不是故意的，只要您放了我，以后您有困难或麻烦的时候，我就会帮助您的。"狮子想了想，本来自己也不怎么饿，吃了这么小的老鼠也不预用，倒不如放了这个可怜的小东西，积点德，行点善。于是它就把小老鼠放了。

很久以后的有一天，狮子在睡觉的时候被几个猎人给捉住了，四肢都被他们给绑了起来。这时一个声音从它旁边的树丛里传了出来："狮子大王，我来救你了！"狮子听出是老鼠的声音，它趁猎人不注意的时候将绳子咬断把狮子救出来了。老鼠和狮子一同向森林深处跑去……

可见，哪怕是一只小小的老鼠，我们也不要轻视，因为它也有它的价值。所以，不要轻视那些看似不重要的人，每个人都有其优点与长处，值得我们去发现和学习。你发现了别人的不是，给他帮助以弥补其不足，这也是一个自己学习的过程，是取得他人信任的基础。你的每一个行为都会影响你的下属，成为他们模仿的对象。

对下属或地位比自己低的人，要表示出尊重和关心。得到别人的关心与尊重是每个人的渴望，特别是对于一个地位低下，很少受到他人关心的人，自己的一个非常低廉的关心和没有成本的微笑对他们来说就是雪中送炭，他们会对你感恩戴德。

年纪轻轻的马林，到了单位五年后，就被提为车间主任。刚进车间工作时，对每个人都会微笑，见面也会很热情地与他们打招呼，并能亲切地叫出他们的名字。不论是技术人员，还是一般的小员工，他都能做到这几点，其实真正能做到这些可不简单。有付出就有收获，马林的这些做法赢得了下属们的尊重与信任，同时，他的工作开展起来也更加顺利。

当他做试制品时，不管找到谁，对方都会丢下手中的活全力以赴地替他做，而其他领导找他们帮忙，甚至命令做什么事时，他们总是磨蹭半天，而且做出的事情有时还达不到技术标准。也正是由于下属们的鼎力配合，马林所在的车间在他当车间以后的连续几年都被评为"生产标兵"。

因此，领导特别对马林提出表扬，年纪轻轻就能把一个拥有几十号人的车间管理得井井有条，业绩上也不断创造新高。实际上不是他会管理，而是他懂管理的技巧：重视每一个员工。正是他的管理技巧让员工们愿意服从他的管理。

在这个人性化的社会里，一切的管理都趋向或已经达到了"人性化管理"的层面，除了尊重，关心他人，重视他人也是管理者遵循"人性

第三章 司马炎对你说管理

化管理"原则的一种重要表现形式。

　　有时，下属也在为赢取上司的重视而发奋努力。打个很简单的比方，当客户向公司提出某些新的要求时，作为基层的下属在拿到要求后，完全可以将其直接转告给你，让你去做判断，增加你的工作压力。但有些员工，他们在上交要求时，往往能说出一些自己的看法。在下属描述他自己的想法的时候，你再忙也要抽出哪怕几秒钟的时间听一听，或者告诉他等你有时间可以再深谈。因为，他既然能够说出点什么，就证明他对对方的目的进行了分析，经过了思考，这样的员工难道不值得重用吗？

　　一般情况下，高情商者都能够发自内心地去关心他人，尊重他人，重视他人。他们更能够适时地发现别人的内在需求，并对其进行真诚地关心，维护他人的自尊，尊重他人，使自己不仅得"人和"，还可以向下扎根，向上结果，从而为成功铺就了坚实的阶梯。

　　我们管理团队也是一样，团队发展最重要的是人才，团队管理者最重要的是团结人心，只有大家认同你，从心里服从你，团队的管理才能够有稳固的基础，团队的发展才能够长久而稳定。

做领导要敢于担责任

　　身为领导，最忌讳的就是好处自己享，罪过下属扛，这样的领导与

德服天下

司马炎有话对你说

管理者不但得不到下属的真心支持，反而会引起下属的不满，甚至是失去下属的支持。作为领导一定要有勇于承担责任的勇气和气度，只有这样，才能够激励下属，使得团队成员振奋精神，努力向前。

司马懿辅佐魏国在三国鼎立中不断强盛，作为三朝老臣，受两次托孤，司马懿也可以算是鞠躬尽瘁了。司马懿去世后，朝臣们议论继承人时都说："伊尹既卒，伊陟嗣事"。

伊尹是商朝的大臣。传说他出身于奴隶，原来是莘氏女的陪嫁之臣，汤用为"小臣"，后来因其贤达才识被任以国政。伊尹帮助汤扫灭了夏桀，汤去世后，他连续辅佐卜丙、仲壬二王。

伊陟大概是伊尹的儿子，其父死后，他继父业。

朝臣们发此议论，显然是以伊尹、伊陟喻比司马懿、司马师父子。

魏主齐王曹芳于是下诏，以司马师为抚军大将军，录尚书事，辅佐朝政。

司马师是司马懿的长子。《晋书·景帝纪》载他"雅有风采，沈毅多大略。少流美誉，与夏侯玄、何晏齐名。晏常称曰：'惟几也能成天下之务，司马子元是也。'"

司马师在魏明帝初年间被拜为散骑常侍，后来累迁至中护军。他所颁行的选人之法，举荐人不超过他的功绩，任命官吏不怀私心。母后去世，他居丧，以至孝之人闻名于世。

魏邵陵厉公嘉平四年（252年）正月，司马师迁任大将军，加侍中，持节、都督中外诸军、录尚书事，毫无疑问，他自此成为朝臣中的军政"第一把手"。

他命令百官荐举贤能，尊长护幼，恤穷悯孤，治理废滞；他任命

诸葛诞、毌丘俭、王昶、陈泰、胡遵都督四方；王基、州泰、邓艾、石苞典理州郡；卢毓、李丰掌管选举；傅嘏、虞松参划计谋；钟会、夏侯玄、王肃、陈本、孟康、赵酆、张缉预拟朝议。这些人里面既有曹氏集团的人，又有司马氏集团的人。在诛杀曹爽后激烈的冲突性矛盾被解决，两派的人又重新暂时归于统一。于是乎四海倾注，朝野肃然。

有人自然难免要步曹爽后尘，提出要改良制度，司马师不允，说："'不识不知，顺帝之则'，诗人之美也。三祖典制，所宜遵奉；自非军事，不得妄有改革。"

这年十月，吴国太傅诸葛恪率汇聚人力，进一步扩修东兴堤，使大堤两端接山并夹筑两座城池。随后各留千人于两城之中，使两位将佐分别率众把守。

东兴堤最初由吴主孙权筑成，目的在于遏制巢湖。依此，吴军曾入侵魏国辖地淮南，但被击败，大堤就被废弃。现在诸葛恪重修大堤，并留兵驻守，显然对魏国形成威胁。

镇东将军诸葛诞对大将军司马师建议：现在吴兵内侵，应当派文舒进兵江陵，派冲恭率师武昌，以对长江上流的吴军形成钳制，然后遣精兵进攻东兴堤的两座城池，这样就可在吴军救兵赶来之前，攻陷两城。

司马师没有采纳，而是派王昶、毌丘俭、胡遵、诸葛诞等兵分三路击吴。

吴国太傅诸葛恪率将兵四万迎战，日夜兼程赶往东兴堤，

胡遵造浮桥渡水，陈兵堤上，接着分兵进攻两座城池。城居高峻的山上，难以很快攻破。时北风强劲，吴军丁奉部举帆两天即临前线。天降大雪，寒不可挡。胡遵等正置酒会晏，丁奉命令士兵裸身前行，只藏

短兵器攀着藤葛而来，魏国兵将望见大笑不已，早已放松了防范。吴兵登上高地，攻破魏军前部，紧接着后续又到，魏军惊慌失措，争渡浮桥逃命，桥被踩坏纷纷落水，再加上自相践踏，死者数万。吴军大胜，缴获车乘、牲畜数以千计，辎重堆积如山，随后耀武扬威，率军凯旋。

王昶、毋丘俭得知胡遵兵败，知再战无益，就各烧营寨退兵。

朝中议论纷纷，打算贬黜诸将。

司马师说："我不听公休（诸葛诞的字），以至于此，此我过也，诸将何罪！"于是全部予以宽恕。

安东将军司马昭时为监军，司马师只削除了他的爵位。

不久，雍州刺史陈泰请求和并州兵马一起讨伐胡人，司马师从之。可是未待两州兵马集结完毕，胡人已先受惊造反。司马师又向朝臣谢罪说："此我过也，非陈雍州之责！"因此，朝廷上下欲弹劾他人和将被弹劾的人，或自愧，或感幸悦。

司马师承父亲司马懿之后，在朝臣尚未归附的情况下引两败为自己的过失，可谓明智的作法。如果讳败推过，归咎于他人，或者只显自己的功绩而隐匿自己的失败，上下必然离心，贤愚必然解体，这样，何以服天下而巩固自己的权位？

司马师作为司马炎的伯父，其管理之道，司马炎也对之进行有效的继承与发扬。管理中的推功拦过使得司马炎能够召集更多的人才团结在自己身边。

有些管理者无形中养成了这样一种不良习惯：一旦工作出现问题，就立即展开批评攻势，将自己的责任推得一干二净；一旦有了业绩，就立即归功于己，将员工的功劳忘得一干二净。这正如人们常说的

一句话："黑锅大家背，红包自己拿。"这样做只会给公司造成严重的影响。

对员工来说，管理者推责于人比归功于己更为可恶。大家不求有功、只求无过，可是当自己辛苦一番，不仅没得到任何好处，反而要承担不该承担的责任时，就会激起员工极大的反感。因此，要想管理好员工，管理者必须要善于承担责任。不过，承担责任不是随便将员工的过错都揽在身上，而是有选择地承担。

在管理过程中，管理者在遇到以下情形时必须要学会承担责任。

（1）因错误的决策造成员工的工作失误时。

秦穆公执政时，晋国的国力非常强盛，秦国要想赶上晋国只有扩充实力。有一年，晋国国君因病去世后。秦穆公认为此时正是晋国沉浸于失君之痛中，所以不可能有心与其他国家作战，于是想趁机消灭晋国的邻国郑国。为了使攻占郑国一战顺利，所以秦穆公一次就派出三员大将，他们分别为孟明视、白乙雨和西乞术。

如果想占领郑国，必须要经过晋国。但令秦穆公万万没有想到的是，晋军早已设下埋伏，所以当秦国的三员大将率大军经过晋国时被晋军战败，晋军除了活捉三员大将外，将其他的将士全部杀死。

之所以不杀秦穆公的三员大将，是因为晋国想把他们放回，让秦穆公亲自惩罚他们，这样可以达到羞辱秦国的效果。

秦军战败、将士全部阵亡消息传到秦国时，秦国举国悲痛。其实最让秦国愤怒的是，晋的做法严重地侮辱了秦国人。而领军作战的三员大将，更是无颜面对国君和全国军民，所以希望秦穆公赐他们死罪。然而秦穆公并没有如他们所愿，而是身穿丧服亲自为死去的将士们送行，然后接回这三位败将。随后，秦穆公在悲痛中作了一篇《秦誓》。在这篇文章中，他引咎自责："这次我军惨败，责任在我。正是因为我的疏忽大意，才造成了众多将士牺牲。孟明视、白乙雨和西乞术他们三人都很有军事作战能力，如果不是我判断失误，他们定能够凯旋。希望他们能够化悲痛为力量，为我大秦雪耻。"

秦穆公的做法感动了孟明视等人，于是他们加紧练兵，以便在时机到来时能重重打击晋国，以雪国耻。经过一年的努力，秦军兵强马壮，孟视明等人认为攻打晋国的时机已经成熟，于是在征得秦穆公的同意后，就率军进攻晋国。谁知，秦军再次大败而归。在此情况下，很多朝廷重臣认为他们三个都是平庸之辈，并没有什么杰出才能，于是进谏将他们革职。然而，秦穆公力排众议，仍然赋予重任，希望他们能够训练出一支强大的军队。

秦穆公的做法令这三位大将实为感动，他们苦心练兵，力求精益求精。过了几年后，秦穆公再次同意他们讨伐晋国。此次作战，秦军转败为胜。正是这一场战役使秦国的实力大增，最主要的是秦国可以与晋国平起平坐。

显然，秦军第一次战败，主要还是归咎于秦穆公。如果秦穆公把责任都推到三员大将身上，尽管他们嘴上不说，心里也是很不服气的。即使所有的责任都由这三位大将承担，也不足以服众。秦穆公主动承担责任的行为，激发了秦军的斗志；在秦穆公的鼓励下，秦军终于大获全胜。

李离同样是一位敢于承担责任的人。

春秋时期，晋国国君晋文公在位时，晋国有位名叫李离的官员。李

离主管刑罚，是当时的最高执法官。他非常注重法律的公正，从不容许任何人亵渎法令，更不容许自己在执法过程中出现错误。正是因为他将法令看得如此神圣，结果为此献出了生命。

一次，李离在查阅旧案时，无意中发现了一个有疑问的判决。他立即警觉起来，仔细分析此案的详细过程，结果发现这是一起冤案。李离有点儿不敢相信自己的眼睛，因为他在办案时一向小心翼翼，就是想做到执法公正。可如今竟然发生了这样的事情。他觉得自己玷污了法律，再也没有资格任职。不仅如此，李离还认为自己犯下了滔天大罪。他把自己捆起来后来到宫中，向晋文公陈述了失职的事情，请求晋文公赐他死罪。

晋文公听了李离的陈述后，非常感动。他边为李离解开绳索边说道："这件案子虽然是你处理的，但你是根据下级的调查结果来判决的，责任应该由接受调查任务的官员承担，而不是由你承担。"

然而，李离并不认为晋文公为自己开脱的理由是合理的。他说："我的权力比下属大，俸禄比下属多，如果审案出现了错误，承担的责任自然应该比下属大。如果将好处留给自己，将坏处推给别人，是不能够让人信服的。因此，我必须要为这起案件负责。希望大王权衡利弊，臣愿意接受死刑。"

晋文公说："如果依照你的观点，我也有罪。因为你是我的臣子，你的权利远不如我大，俸禄远不如我多，承担的责任也应该远低于我。如今，你认为自己犯了死罪，那么我的罪过又有多大呢？"

李离摇了摇头，正言道："我主管全国刑罚，如果判决出现了错误，我是最终责任人。如今，我因错判而杀错了人，按照法令，我应该被处死。"

话音刚落，李离突然从身旁的卫兵手中夺过一把剑，自刎而死。

当然，李离的行为有些过激，不过，他敢于承担责任的精神是值得学习的。

（2）当自己管理的员工犯下错误时。

街亭被占领后，马谡与王平、魏延、高翔一同回到了营中。诸葛亮先把王平叫入帐中，问他为何不及时劝谏马谡。王平把事情的原委全部详细地说给诸葛亮听，随后，诸葛亮唤马谡进帐中。此时，马谡已命人捆好自己并跪在帐前。

从帐中出来，诸葛亮厉声呵斥道："你自小熟读各类兵书，对各种战法耳熟能详。我再三告诫你街亭是何等重要。当时你以全家人的性命担保，说你能胜任这次任务。如果你能听取王平的劝告，怎么会造成今天这种局面呢？现在，街亭失守，我军伤亡惨重，这都是由你导致的。如果不按律法公正处置，之后何以服众？是因为你触犯了军法，而不要怪我无情。你死后，我会按月给你的全家老小送去俸禄。"说完后，诸葛亮立即令人把马谡拖出去斩了。

马谡哭着说："丞相您待我如亲儿子一般，我早就把您当作了父亲。我活罪难免，只是希望丞相您能够想起舜帝殛鲧用禹的大义，如果这样，在九泉之下我也没有什么遗憾了。"说完后，马谡大哭。

此时的诸葛亮也忍不住流下了眼泪，他对马谡说："你我情同手足，你的儿子就是我的儿子，我自然知道如何待他，不用嘱咐。"

接着，马谡被带到辕门外。武士正要对他行刑时，被参军蒋琬拦住。

蒋琬见到诸葛亮后，说："现在天下大局尚未稳定，如果在这个时候处死像马谡这样的智谋大臣，难道您不觉得可惜吗？"

诸葛亮痛苦地说："当年孙武之所以能够制胜天下，就是因为他能够按照军法严处违法者，以示公平。现在天下纷争不断，如果不按军法做事，违法者不惩处，那我还凭借什么去讨伐贼人呢？"

过了一会儿，武士捧着马谡的人头来见诸葛亮。诸葛亮拿着马谡的人头来到各营，目的就是告诉各营的将士们蜀军的军法不是摆设。

把马谡的后事处理妥当后，诸葛亮就写了一份表文，让蒋琬带回去给后主刘禅过目。在表文中，他认为自己要为街亭失守承担责任，要求贬职三级。刘禅看后不知如何是好。在征求了大臣们的意见后，刘禅按照诸葛亮的意愿把诸葛亮降职为右将军。

后来，在诸葛亮的带领下，蜀军连续打了几次胜仗。

军法无情，所以诸葛亮必须斩杀马谡以示军法严明。但是，诸葛亮惩罚完马谡后也没有逃脱自己的那份责任，而是主动要求受罚。

在团队中，任何一个员工在工作中出现了较大的失误，管理者都应该学习诸葛亮的做法。

（3）当下属的正确提议得不到支持时。

诺曼底登陆成功后，盟军对欧洲大陆展开了进攻。当时，巴顿为第三集团军军长，他的部队在登陆后充当了盟军开路先锋的角色。

登陆后，盟军要求巴顿的军队在战术上必须与盟军指挥部保持一致。巴顿处于实战中，对战场的实际情况把握得更加准确，难免会与指挥部发生冲突。在攻打布列塔尼的战斗中，就出现了这种情况。

巴顿是一位有勇有谋的军官，他认为装甲部队具有很强的机动性，而且速度很快，非常有利于先锋部队的推进。于是，他提出了一种大胆而又创新的战术：先锋部队不再死啃中间目标，而是利用装甲部队快速推进，直接攻打最终目标；最终目标被攻下后，就预示着中间目标的退路被切断，此时盟军便可以大举进攻，与先锋部队一起夹攻中间目标，彻底消灭敌军。

然而，盟军指挥部一向比较保守，他们不敢冒险和尝试，所运用的战术也是比较陈旧的。很显然，他们无法接受巴顿的创新战术。理由是：如果先锋部队直接绕过中间目标去攻打最终目标，就会造成先锋部队与后方、侧翼的隔离。这样一来，不仅会使先锋部队陷入敌军围困之中，还会给侧翼和后方带来威胁。

结果，巴顿与盟军指挥部因战术上的冲突使得进攻陷入了僵局。战争迫在眉睫，必须立即解决战术问题。因此，盟军首脑连续召开了几次军事会议。

巴顿对盟军指挥部的保守和固执异常反感，为了不延误战机，他必须尽快说服指挥部。在一次军事会议上，巴顿暴跳如雷，慷慨陈词道："我要提醒大家的是，不要再担心我军的侧翼。与其顾及侧翼而缓慢进攻，不如快速推进给敌军造成威胁。我们现在需要的是进攻而不是固守，我们要强迫德国佬回去守他们的阵地……"

无论巴顿如何努力，盟军指挥部就是不批准他快速推进的建议。当时巴顿心急如焚，坐立不安。因为他是一位久经沙场、作战经验丰富的军官，不愿意看到大好的机会被白白浪费。

正在巴顿无可奈何之际，他的长官布莱德雷将军出现了。布莱德雷将军鼓励巴顿说："拿出你的勇气和智慧吧，不要被任何人的意见左

德 服 天 下

司马炎有话对你说

右，以你的战绩来证明你是正确的。不要担心会出现差错，我会为你的行动负责的！"

巴顿受到了巨大的鼓舞，他不再征求盟军指挥部的同意，率领自己的部队勇往直前，用一次次瞩目的战绩封住了盟军指挥部的嘴巴，让他们无言反对。

如果员工有好的提议，管理者应该毫不犹豫地承诺为其承担后果。有了管理者的鼓励和支持，员工肯定会充分运用自己的能力去做好工作，为上司增光。

第四章

司马炎对你说 用人

古人云：善用人者能成事，能成事者善用人。善用人才是一个领导者成熟的主要标志，也是一个团队领导人能否将团队"引航前行"，在市场经济的汹涌波涛中驶向胜利彼岸的关键条件之一。古人常言："争天下必先争人。"足见人才的重要性，现在，用人之道也成为了身为领导的必修课之一。

善于给人才提供舞台

人才的重要性是不言而喻的，用人者对于人才，一定要怀着爱惜之心，并且能够为人才的发展提供支持，为人才搭建发展舞台。只有这样，才能人尽其才，才能够为团队的发展贡献最大力量。

司马炎身为皇帝，十分爱惜人才，并且懂得为人才搭建施展才华的舞台，能够为人才的发展提供必要的支持。在司马炎的支持下，西晋一朝，社会文化生活得到极大的提高。

在公元282年，左思著成《三都赋》，一时扬名全城，洛阳城中家家户户都开始传抄，造成洛阳的纸供不应求，卖纸的商人趁机加价，就算这样，纸还是供不应求，这就是著名的洛阳纸贵的故事。

左思生活在晋朝初年的太康年间，是晋初著名的文学家。左思是齐国临淄人，其父左雍做过小吏，后来升迁至殿中侍御史。左思小的时候并没有什么出色的地方，相反显得有些弩钝。小时候左思的父亲让左思学习书法、音乐等技艺，都没有什么起色。并且左思还有一些口吃，加上学业难有起色，使得父亲很不喜欢。甚至在左思长大之后，左雍还对朋友说："左思现在所知晓了解的东西，还赶不上我小的时候呢。"左思受到激励，开始发奋学习，最终学有所成。

左思曾经用了一年多时间写成了一篇《齐都赋》，受到了当时一些人的好评。左思想要写一篇描述魏蜀吴三国的《三都赋》。"三都"即邺、成都、建业，分别是三国鼎立时魏、蜀、吴的都城。左思为了写作《三都赋》倾尽了心血，相传在他写作的过程中，家里到处都是写作的草稿，甚至连厕所也摆着纸张笔墨，也被自己灵感来时能够及时记录。

"赋"是一种文体，兼有诗歌及散文的性质，极讲究文采与韵律。据说，最早的赋是战国时荀况的《赋篇》，一般赋都写得比较短。而左思的《三都赋》不仅辞藻优美，铿锵有声，而且长达一万多字，成为举世仅有的文章。

晋史对于《三都赋》的记载中有以下文字：

谧称善，为其赋序。张载为注《魏都》，刘逵注《吴》《蜀》而序之曰："观中古以来为赋者多矣，相如《子虚》擅名于前，班固《两都》理胜其辞，张衡《二京》文过其意。至若此赋，拟议数家，傅辞会义，抑多精致，非夫研核者不能练其旨，非夫博物者不能统其异。世咸贵远而贱近，莫肯用心于明物。斯文吾有异焉，故聊以余思为其引诂，亦犹胡广之于《官箴》，蔡邕之于《典引》也。"陈留卫权又为思赋作《略解》，序曰："余观《三都》之赋，言不苟华，必经典要，品物殊类，禀之图籍；辞义瑰玮，良可贵也。有晋征士故太子中庶子安定皇甫谧，西州之逸士，耽籍乐道，高尚其事，览斯文而慷慨，为之都序。中书著作郎安平张载、中书郎济南刘逵，并以经学洽博，才章美茂，咸皆悦玩，为之训诂；其山川土域，草木鸟兽，奇怪珍异，金皆研精所由，纷散其义矣。余嘉其文，不能默已，聊藉二子之遗忘，又为之《略解》，祗增烦重，览者阙焉。"自是之后，盛重于时，文

第四章 司马炎对你说用人

129

多不载。司空张华见而叹曰："班张之流也。使读之者尽而有余，久而更新。"于是豪贵之家竞相传写，洛阳为之纸贵。初，陆机入洛，欲为此赋，闻思作之，抚掌而笑，与弟云书曰："此间有伧父，欲作《三都赋》，须其成，当以覆酒瓮耳。"及思赋出，机绝叹伏，以为不能加也，遂辍笔焉。

与左思生活在同时期的著名文人有许多，其中之一就是为左思《三都赋》作序的皇甫谧。

皇甫谧是西晋著名文学家，在文学史和医学史上都有一定的地位。皇甫谧（公元215—282年），字士安，幼名静，自号玄晏先生。皇甫谧一生经历了三个朝代，幼年的皇甫谧不爱学习，成天在街上游荡，不思进取，人们甚至认为他是个"痴儿"。到了20岁，突然有一天，皇甫谧开始发奋学习，一时成为文学大家。

自司马昭开始，司马氏就一直想要征召皇甫谧为官，司马炎更是几次下诏，都被皇甫谧以有疾在身为由推脱了。但是皇甫谧爱书如痴，遍求藏书，一时周边自己能够找到的书籍都被皇甫谧看尽了。当时藏书最多的就是国家的官方藏书库中书籍丰富，就向当时的皇帝司马炎写信，希望能够借点书看。司马炎并没有计较皇甫谧拒绝出仕的做法，相反按照皇甫谧的意愿挑选了一车的书，送给皇甫谧看。

皇甫谧身体羸弱，后来患病瘫痪在床，他在病床上开始摸索针灸，一边攻读医书，一边在自己身上做试验。经过7年苦心钻研，他不仅治好了自己瘫痪多年的疾病，而且针灸技术越来越高，发现了不少针灸穴位，创立了自己的针灸理论，写出了《针灸甲乙经》。此书不仅在我国医学史上是一部伟大的著作，而且还流传到国外，从公元6世纪开始，朝鲜、日本的医生都把它奉为必读的书籍。

皇甫谧能够安心地读书，也得益于司马炎对于人才的爱护，在多次拒绝出仕之后，司马炎还能够慷慨地送书给皇甫谧看，也体现了司马炎的大度和爱惜人才之心。

对于人才，司马炎还能够做到在任用时，给以高薪，这也体现着司马炎对人才的爱惜。

司马炎认为：古时候用德行高低来显示爵位高低，按功劳大小来制定俸禄多少，虽然是最低一级的官吏，还享有上等农夫的收入，对外能够做到奉公守法，丢掉私念。对内完全可以赡养家人，周济亲友。现在，有爵位的官员俸禄还不够养家糊口。这不是用来教化的根本。应当增加官吏的俸禄。

泰始三年九月，司马炎下诏："古代的明君以人的德行用爵位加以昭示，以国家收取的税收来作为俸禄，即使是下等的文化人，也能吃到上等农民的贡献，国家给予的俸禄足以使公务员出门在外奉公忘私，也能够使大家回到家里，不仅足以养活亲人，还能够对其他人施加恩惠。现在公务员的俸禄标准不足以达到从事其他行业的水平，这不是国家尊崇人才和教化臣民的根本。从现在开始，我要求增加公务员的工资。"高新制度的实行，使得晋朝的公务人员没有了后顾之忧，并且以从事公务为荣，为晋王朝吸引了大批有用的人才。

在司马炎的统治时期，对于人才施行了很宽厚的政策。司马炎爱惜人才，能够对于人才的一些逾矩行为加以包容，能够给人才的发展加以支持，凭借着这种对于人才的爱惜，使得司马炎不仅朝中人才济济，甘愿身居草莽的人才也能够发挥自己的才华，在治国意外的方面取得了光

第四章 司马炎对你说用人

彩夺目的成就。

人才是一个团队能够迅速发展的关键因素。英明的用人者一定懂得爱惜人才，能够给人才创造良好的环境，以发挥人才的才华。

在人类社会发展进程中，人才是社会文明进步、人民富裕幸福、国家繁荣昌盛的重要推动力量。因此对于人才的爱惜，能够促进一个民族的发展，一个国家的进步。管理之道，惟在用人。人才是事业的根本。杰出的领导者应善于识别和运用人才。只有做到唯贤是举，唯才是用，才能在激烈的社会竞争中战无不胜。

《诗经·小雅》说："高山仰止，景行行止。"意思说品德像大山一样崇高的人，一定会有人敬仰他；行为光明正直的人，一定会有人效法他。"意大利但丁也说："道德常常能够填补智慧的缺陷，而智慧却永远难以填补道德的缺陷。"人才就是具有这种影响世人的能力，因此爱惜人才，才能够将人才的才能发挥出来，进而促进团队的进步。

当今社会的竞争，归根结底是人才的竞争，一个团队的用人者，能够意识到人才的重要性，能够做到爱惜人才，能够为人才搭建其施展才华的舞台，那么这个团队就能够凝聚出一种竞争力、创新力和顽强的生命力。在现今的团队中，人才的定义已经更加宽泛，用人者注重的不仅要是体制内的那些高学历的高级技师、高级管理者等人才，同样要注意自己团队中不起眼的员工和成员，比如那些一线的工人，用人者同样要为他们搭建施展才华的平台，以利于他们才华的发挥，进一步促进团队的发展。

人才施展才华要有一种宽松优越的环境，只有给人才提供良好的环境，才能够保证人才实力的发挥，司马炎的高薪吸引人才的政策正是从这种思想出发。在古代君王治理天下的时候，对于技能特殊的人才，能够给予优厚的待遇，在我们当今社会，也要能够给员工创造适合自己发展的机会。

用人者能够爱惜人才，给人才的发展铺平道路，能够吸纳更多的人才，同时能让人才的实力得到最大的发挥。这样一来，带来的不仅是人才自身价值的实现，更能够推动整个团队的进步。总而言之，用人者在用人志士，一定要切实地给人才搭建施展的舞台。

充分信任，大胆授权

领导者对下属大胆授权，能够培养下属的能力，发挥下属的潜力。对下属授权不仅不会削弱自己的领导权，反而会调动起整个团队的群体优势。只有团队中的成员都觉得人格受到了尊重，才能够满怀热情地投身于团队的发展大业中。在授权的过程中，最主要的一点，就是要做到对下属的充分信任。只有充分信任下属，才能将授权落到实处。

魏晋时代的北方各族，除了汉民族以外，主要有匈奴、羯、氐、羌、鲜卑和乌桓等民族。这些民族的人民原来大都散居在我国传统疆域范围内的西北部和东北部边境，过着比较落后的游牧部落生活。

泰始六年（270年）六月，鲜卑人首领树机能起兵反晋。秦州刺史胡烈率兵讨伐，与树机能战于万斛堆。胡烈当时兵少将寡，最终兵败，被树机能诛杀。

平服鲜卑人树机能的反叛，自此成了晋武帝的一块心病。

咸宁四年（278年），司马督马隆上疏晋武帝说，凉州刺史杨欣失却与羌戎之间的和睦，必定要事败。是年六月，杨欣与树机能的党羽若罗拔能等战于武威，兵败身死。

在诸多外族战争中，最叫晋武帝司马炎劳神忧心的是鲜卑人树机能的屡屡作乱。他虽派兵遣将，多次施威，但总是收效不佳，而且常常是损兵折将。

杨欣战败被杀后刚刚半年，树机能再次起兵，并攻陷了凉州。从泰始六年（公元270年）树机能开始作乱，至咸宁五年（公元279年）正月的这次兵破凉州，前后已有九年时间了。

这天，晋武帝临朝不由感叹道："谁能为我讨此虏者？"

话音刚落，宝座下群臣中走出司马督马隆。马隆上前拜言："陛下能任臣，臣能平之。"

晋武帝思忖，前些时候就是这个马隆上疏说杨欣失和于羌戎之间，必然兵败，想来此人虽官职卑微，却也是个有谋略的人，于是说："必能平贼，伺为不任，顾方略何如耳！"

马隆答道："臣愿募勇士三千人，无问所从来，帅之以西，虏不足平也。"

好个"无问所从来"！只要能英勇善战。哪管他是出于农亩，出于营伍，抑或出于奴隶？哪怕是逃逃的罪犯。只要他能带罪立功，解国事于危难，也可不咎既往的。晋武帝再思，觉得马隆所言有理，于是当场允诺任用。

接着，晋武帝下诏，拜马隆为讨虏护军、武威太守。

公卿群臣见况，都劝谏晋武帝说，现在兵将已经够多了，不应当再让马隆重去招募了。而且马隆年纪轻轻，任职卑微，恐是口出妄言，不值得这么信赖于他。

晋武帝却决心已定，不再动摇。

马隆去后，悬榜招募四方勇士，条件是能力开四钧之弓，挽九石之弩的人，应招者当场检视。从早上到中午，已招募合条件的三千五百人，马隆说："足矣。"又请求自己到武库里面选用兵器。

管武库的官员心中不快，和马隆争执起来。御史中丞则表奏武帝，弹劾马隆。

马隆面见晋武帝说："臣当毕命战场，武库令乃给以魏时朽杖，非陛下所以使臣之意也。"

晋武帝当即下令，让马隆自己挑选、取用，他人不得干涉。并拨给马隆足用三年的军资，遣其踏上征途。"

晋武帝启用马隆，不是一时无将可选的窘迫所致，更不是寄于侥幸的轻率所为，他是经由了考虑和选择的。

当时归附的匈奴人刘渊臂长善射，勇力过人，而且姿貌魁伟，深得王浑等朝廷重臣的器重；王浑等多次向晋武帝荐用，武帝也召见了刘渊，与他交谈后很喜欢他。王浑的儿子王济甚至对武帝说刘渊有文武长才，陛下如果任命刘渊以东南之事，扫平吴国易如反掌。

此时也有人提出相反意见。孔恂、杨珧说刘渊不是汉族，其内心必然存在异己之念。他的才气的确少有人能比，可是不得委以重任。

待树机能攻陷凉州，晋武帝忧虑，曾问李憙何将可任，李憙回答

说："陛下诚能发匈奴五部之众，假刘渊一将军之号，使将之而西，树机能之首可指日而枭也。"

孔恂却说："渊果枭树机能，则凉州之患方更深耳。"

晋武帝斟酌后，才取消了任用刘渊平复树机能的打算，起用了马隆。

马隆承晋武帝之命兵发洛阳，日夜兼程，西进凉州。不消几日，抵达武威之东，渡过温水。树机能等探知晋军已到，就率兵数万占据险要，以拒晋军。马隆看见山路崎岖狭窄，就设计制造了一种扁箱车。扁箱车车身窄，可以通过狭道。又制造木屋，置于车上；兵将藏身木屋当中，既可避风雨，又可防矢石。就这样，马隆率军，边行进，边战斗。由于树机能军都身披铁甲，马隆遂命令士兵夹道垒起带有磁性的石头，使得身披铁甲的敌军难以行进。敌军看见马隆将士们于石头间畅行无阻，以为他们是神兵降临，于是军心已经不稳。敌军哪里知道马隆的将士们身披的是不受磁性吸引的犀皮铠甲。马隆军行千余里，杀伤敌军甚多。

洛阳这边，自马隆率军西进之后，音讯全无。晋武帝和朝臣们都深为担忧。有人甚至说马隆早已全军覆没，弄得晋武帝心如揣兔。

这天夜里，尽管六宫粉黛个个照样玉骨冰肌，艳丽魅人，笙歌漫舞、曲曲仍旧赏心悦目，靡靡醉人，可是晋武帝怎么也难像以往那样兴致勃勃，因为他心里还在惦念着西线的战事。

忽报马隆使节到，晋武帝当然明白这意味着什么，不由地转忧为喜，抚掌欢笑。他立即命人备车上朝，召见使者。待问过使者详细情况之后，他不无揶揄地对有些大臣说："若从诸卿言，无凉州矣。"

于是晋武帝下诏，命马隆假节督兵，拜为宣威将军。称赞他："以偏师寡众，奋不顾难，冒险能济。"

这时，马隆已率三千精锐抵达武威。敌虏首领猝拔韩和且万能等见马隆兵精将勇，料不能拒，遂率数万余落归降。至此，马隆等已先后诛杀及受降敌众数以万计。

随后，马隆乘胜挺进，又率未参加反叛的西胡将领没骨能等与树机能大战，破敌军，斩树机能，重新攻占凉州。一场先后持续了十年的叛乱，终于被平息。这是咸宁五年（279年）末的事。

马隆，字孝兴，东平平陆人。自小有智勇，好立名节。魏时兖州刺史令狐愚因起事反司马懿被杀，整个兖州惧于司马氏威势没有人敢出面收葬令狐愚，马隆托称为令狐愚的门客，以私财殡葬了刺史，并服丧三年，在陵墓列植松柏，礼毕才回还。此事成为一州人们的美谈。

泰始中年，晋武帝司马炎将兴伐吴之役，下诏说："吴会未平，宜得猛士以济武功。虽旧有荐举之法，未足以尽殊才。其普告州郡，有壮勇秀异才力杰出者，皆以名闻，将简其尤异，擢而用之。苟有其人，勿限所取。"兖州遂举荐马隆才堪良将，晋武帝擢马隆为司马督。

马隆之"才堪良将"，最突出地表现在他受命于危难时平定树机能这一最大边患的战役中。他知兵在精不在多，选三千五百名壮士出击拥兵数万且据险而守以逸待劳的敌军。这三千五百名精选之士果然以一当十，"弓矢所及，应弦而倒"；他精通战术，且能具体情况具体处置。道狭窄，他做扁箱车以载兵；地平旷，就联车为营。四面排设鹿角；遇伏兵，他车载木屋避矢石；总是避敌锋芒，攻其不备，又以磁石乱敌队。这样，尽管敌军"或乘险以遏"，"或设伏以截"，均难以奏效。而且马隆采取的运动战，在转战千里之中，对敌军进行各个击破，使敌

军的数量优势不再存在。

晋武帝太康初年，他以平虏护军、西平太守率军与南虏成奚交战，他命军士皆负农具，装作耕田农民，待敌军懈怠后进兵破之。以后，在他任政期间，胡虏不敢再为寇。

晋武帝力排众议，起用马隆，充分显示了他知人善用的一面。这在史籍中已留作典型事例。

以后，在晋武帝执政期间，虽还有些外患，但基本已不成气候，无大威胁。这得益于晋武帝能够充分信任下属，并对下属充分授权，是马隆能够放开手脚，实战自己的才能，并为晋朝平定了外乱。

"最成功的统御管理是让人乐于拼命而无怨无悔，实现这一切靠的就是信任。"这是经营之神松下幸之助的一句名言，前文所说的司马炎的做法也印证了这一点。我们知道，信任具有强大的激励威力，更是授权的精髓、前提和支柱，也是现代领导文化的核心。领导者应该在信任中对员工授权，只有这样才能让授权发挥最大的功效。

一手缔造了宏基集团的施振荣在谈起自己的领导经验时说，最重要的一点就是信任员工，充分授权。他常说："企业要想做到代代相传，必定要建立在授权的基础上。再强势的领导人，总有照顾不到的角落，也会有离开的一天，但是在一个授权的企业，各主管已经充分了解公司文化，能够随时随地自主诠释企业文化，这样的企业才有生命力。"他是这么说的，也是这样做的。对公司的员工，他总是给予信任、充分授权，即使他们工作做得慢、与自己方式不同，也绝不插手。他说："一个领导者要能忍受员工犯错误，并把它看作成长必须要付出的代价。只要是无心之过，只要最终他赚的钱多于学费，你就没有理由吝于为他缴学费，你一插手，他失去机会和舞台，怎么成长呢？"在他的这种管理方式下，宏基涌现了不少独当一面的人才，也形成了强大的接班人队伍。

可见，信任是领导者授权的第一要诀，领导者要明白与员工分享权力是开创企业并发掘增长潜力的最佳途径。用人不疑，疑人不用，领导者如果不相信员工，自己就会累死；而相信他们则会获得成倍的收益。

用人唯才，亲仇不避

英明的领导者总是能够广纳贤才为自己所用，在用人的过程中，领导者的胸怀要足够宽广，能够包容人才的缺点和不足，甚至是自己曾经的对手，也应该以一种包容的态度，将其吸纳进自己的人才队伍。广而言之，就是要做到用人唯才，亲仇不避。

晋武帝一朝，也算得上人才济济，这得益于晋武帝能够广纳天下贤才，更重要的是晋武帝的用人胸怀，能够做到用贤才，亲仇不避。下面，从他对嵇康及其儿子的态度就能看到这一点。

据记载嵇康，字叔夜，谯郡铚（今安徽省宿县西南）人。他很小就失去双亲，成为孤儿。由于有奇才，所以往往卓而不群。他身材高大，口多美辞，仪表堂堂，却不修边幅，放浪形骸，时人则认为他龙章风姿，天质自然。他常常修养性服食之事，整日弹琴咏诗，自足自乐。他

第四章 司马炎对你说用人

认为人生的神仙境界得之于自然，不是靠积累学问而来；至于道，养得理，那么安期、彭祖这类世之高人的伦节就可以达到，于是写下了《养生论》。他还认为作为君子，内心应不拘于何为是、何为非，而行动则不能违背于道。当时同他有神交的人只有阮籍、山涛、向秀、刘伶、阮咸、王戎，因他们曾一起游竹林，世称"竹林七贤"。王戎说他和嵇康同住山阳二十年，未曾见过嵇康有喜愠之色。

嵇康生逢魏晋易代之际，他不满司马昭的统治，指责其"矜威纵虐"。山涛要去选官，荐举嵇康自代，嵇康遂写下他那著名的《与山巨源绝交书》，表示他决不与司马氏"同流合污"，并竭露蔑视、挖苦之情绪。

嵇康是被司马昭杀掉的，对此各史书记载不一。陈寿《三国志》的记载只有三个字："生事诛"。有人推测陈寿对嵇康之死因绝不会不知道，作为一代史之良才，陈寿不愿去具体记载嵇康之死，一来可能是他对司马昭杀嵇康怀有不满，二来在司马氏政权之下生活他也自然有所忌惧，所以干脆就三个字极约略地记之，让后人去猜测，去参阅其他史料得之。

《魏氏春秋》的记载是这样：钟会慕嵇康之名，以名公子的架式骑着高头大马，穿着绫罗绸缎，带着如云的侍从，去造访嵇康。此时嵇康正盘腿席地打盹呢，对钟会未加理睬。临了还问钟会：你听说什么了而到我儿来？离开我这儿又看见了什么？钟会回答说：我有所听到而来，有所看到而去。于是内心怀恨。大将军司马昭曾想擢用嵇康，嵇康不屑，避之河东。待山涛为选曹郎，举嵇康自代，嵇康写书拒绝，并自命不堪流俗，还菲薄了一番商汤、周武，司马昭听说怒之。

嵇康与吕巽、吕安亲善，吕巽淫其兄嫂反诬吕安不孝，吕安入囚。吕安遂叫嵇康作证，嵇康义不负心，保明其事。吕安的性格也极刚烈，有济世的志向和能力。钟会于是劝司马昭趁机除掉这两个人，司马昭就杀了吕安和嵇康。

《世说新语》则记：毋丘俭反叛，嵇康欲举兵响应，所以毋丘俭败，嵇康也被杀。

《晋书》所记有所不同，说是钟会因遭嵇康冷遇心怀不满，后对司马昭说："嵇康，卧龙也，不可起。公无忧天下，顾以康为虑耳。"并借机蔑陷："康欲助毋丘俭，赖山涛不听。昔齐戮华士，鲁诛少正卯，诚以害时乱教，故坚去之。康、安等言论放荡，诽毁典谟，帝王者所不宜容。宜因衅除之，以淳风俗。"司马昭当时宠信钟会，于是杀了嵇康和吕安。

《晋书》还记道：嵇康将要就刑东市，大学生三千人请求以之为师，不要杀他，没有被允许。嵇康看着日影，索琴弹之，说："昔袁孝尼尝从吾学《广陵散》，吾每靳固之，《广陵散》于今绝矣！"旋即被杀，时年四十岁。海内之士，莫不痛之。司马昭不久有所悔悟，对杀嵇康感到遗憾。

不管史书如何记载，有一点可以确定，那就是司马昭杀嵇康。嵇康是一个桀骜不驯之人，他不仅不受安抚，还发表放肆言论，把司马氏视为仇人，对于当时的司马氏政权来说，嵇康就是一个"炸弹"，所以为了维护统治权威，司马昭宁愿被冠以杀名士的罪名，杀嵇康成为必然。司马昭曾经内心挣扎，这还是比较可信的，这正体现了"不得已而为之"的矛盾心理。

在我们学习历史和文学史时，嵇康是不可或缺的人物。他的才华、名节、骨气都为后人称道，但是与司马氏为敌的举动还是有欠明智的。各个朝代都差不多，难道嵇康还以为曹魏的统治比司马氏的统治更"开明"吗？这只是自己以为而已。或许嵇康选择与司马氏为敌表现自己的忠贞气节，但也是迂腐的表现。在任何时候，统治集团都不会对自己不利的手下留情，所以嵇康的死便在所难免。

嵇康的儿子嵇绍，字延祖。十岁时父亲被杀，他以孝谨事奉母亲。因父亲而得罪过，他安居在家无所求达。后山涛领选，启禀晋武帝说："《康诰》有言：'父子罪不相反。'嵇绍贤侔郄缺，宜加旌命，请为秘书郎。"晋武帝然之，告诉山涛："如卿所言，乃堪为丞，何但郎也。"于是发诏征嵇绍，任其为秘书丞。

山涛显然有念与嵇康的旧交，虽然嵇康曾那样与之绝交断情，可见他还是讲情谊之人。晋武帝更无"老子反动儿混蛋"的思想，不仅赞同山涛的提议，而且对嵇绍还官加一等，真可谓不弃仇雠啊。

嵇绍身上仍带其父的遗风。他刚进入京师洛阳，有人对王戎说：昨天在人群当中始见嵇绍，其昂头挺胸，就像野鹤在鸡群里一样。王戎回答说：你还没见过他的父亲呢。

嵇绍后迁任汝阳太守。晋惠帝司马衷元康初年（291年），又任给事黄门侍郎，不时激扬文字，"时虽不从，朝廷惮焉"。然而嵇绍自应晋武帝诏征出山后，对晋皇室忠心耿耿，相较其父的情况，简直可以说有戏剧性变化。晋惠帝永安元年（304年）在"八王之乱"中，东海王司马越挟惠帝与成都王司马颖交战，在荡阴大败，百官及侍卫都溃散了，只有他俨然端冕，以身捍卫惠帝。对方兵至惠帝的乘车，飞箭如雨，他被射死，血溅惠帝的衣袍。事平后手下的人要给惠帝洗衣，惠帝深深哀叹：这是嵇侍中的血，不要洗掉。

在《晋书》的"忠义列传"中，嵇绍名列其首，并被后世的统治者推为忠君的典范。

晋武帝不弃仇雠，嵇绍以身相报。

泰始五年（269年），清阴太守文立上疏说："故蜀之名臣子孙流徙中国（时指中原地区）者，宜量才叙用，以慰巴、蜀之心，以倾吴人之望。"晋武帝善之，遂下诏说："诸葛亮在蜀，尽其心力，其子瞻（即诸葛瞻，下文的"京"即诸葛京）临难而死义，其孙京宜随才署吏。"不久又再次下诏说：原蜀国的将领傅佥父子，都为了他的国家而死。天下的善是一致的，难道还有什么彼此之分吗？傅佥的儿子傅著、傅募现在沦为奴隶，应当免其为奴。

而在这前一年，即泰始四年（268年），大司马石苞由于久镇淮南，前后已有十一年，因此在淮南地区威惠非常显著。淮北监军王琛以此为恶，密表石苞与吴国有来往。恰好这时吴军将要入侵，石苞筑垒遏水以加固防卫，终于引起了晋武帝的怀疑。晋武帝不听羊祜的劝谏，下诏以石苞不能正确预测吴军的动向，筑垒遏水，劳民伤财为理由，罢免了石苞的官职，并派遣义阳王司马望率大军征讨。石苞不服，欲起兵拒之，后在孙铄的规劝下放弃兵拒打算，走出防地待罪。晋武帝听说，顿时消解了敌意，待石苞来到京师，封他以乐陵公归还府邸，两个月后，又任命石苞为司徒。

总之，晋武帝在绝大多数情况下，都能以宽惠对待臣下，见容原为仇雠的人，以至使他当政期间，人才济济，甘为效力。

由此可见，作为一个领导者一定要有宽广的胸怀。无论是什么人，有什么样的缺点，甚至是与自己为敌，只要是对自己团队的发展有利，领导者就应该海纳百川，利用他们为自己谋利。胸怀体现了人的品格和道德，是人生志向和抱负的表现，更是人对待世界万物气量和风度的定位。拥有宽广的胸怀可以使弱者走别人不敢走的路、攀上别人难以达到的高峰，更会使弱者变得强壮。可见，胸怀对成功的事业是如此重要。

从古至今，英明的领导者都会胸怀大度，不会因小事斤斤计较，更不管亲疏，只要有才能，凡贤者都加以重用，所以成就大业。而这些贤者往往也有宽阔的胸襟，所以对国家的发展作出了贡献。

"外举不避仇，内举不避亲"，是春秋时晋国大夫祁黄羊如此荐贤留下来的。其事迹见《左传·襄公三年》。

晋国中军尉祁黄羊因年事已高，所以告退，晋悼公问他打算让谁来接替他的职位，祁黄羊推荐解狐，其实解狐是他的仇人。但不巧的是，当晋悼公正要任命解狐为中军尉时，解狐病死了。悼公让祁黄羊再推举，祁黄羊说他的儿子祁午可以胜任。而此时，中军尉佐羊舌职死了，悼公问祁黄羊谁可接替其职，祁黄羊说羊舌职的儿子羊舌赤可以胜任。于是，悼公任祁午为中军尉，任羊舌赤为中军尉佐。祁黄羊之所以会推举仇人解狐，肯定不是为讨好解狐，而是出于公心，祁黄羊认为以解狐的才能可以胜任此职。但在祁黄羊推举了自己儿子之后是否有人认为他偏爱亲人？推举属官的儿子是否偏爱下级？当时没人这样看，而是大加赞扬祁黄羊举荐人才"无偏无党"，他推荐自己的儿子和属官的儿子，都是因为他们的德才足以胜任其职。

历史上用人能够做到不避亲仇的帝王，最有代表性的就是唐太宗李世民。李世民在治理国家的过程中，广纳人才，只要是有治国之才的人，都能够吸纳进自己的管理团队中。

李世民的妻舅长孙无忌，是一位有着经世之才的人才，并且他在玄武门之变中，立下了大功，论功行赏，也能够做到万人之上的高位。但是长孙无忌身为李世民的亲戚，为了避嫌，力辞封赏，并且希望李世民只给自己一个空头衔的官职。李世民考虑到长孙无忌确有治国之才，于是任命长孙无忌做宰相，协助自己治理国家。

李世民一朝的另一位宰相魏征，曾经是李世民的竞争者太子李建成的幕僚。在李建成和李世民的争斗中。魏征对李建成出谋划策，曾多次建议李建成除掉李世民。但是李世民在登上皇位之后，不仅没有杀掉魏征，相反却根据魏征为人耿直的特点，任用他为谏议大夫，后为魏国公。

身为领导，就是要有宽广的胸怀，能够在任用人才的时候，亲仇不避。

从尊重他人中成就自己

人的内心里都渴望得到他人的尊重，但只有尊重他人才能赢得他人的尊重。尊重他人是一种高尚的美德，是个人内在修养的外在表现。尊重他人不仅仅是一种态度，也是一种能力，它需要设身处地为他人着想，给别人面子，维护他人的尊严，尊重他人的意愿。只有学会尊重别人，才会赢得别人的尊重，只有获得了他人的尊重，才能够成就自己。

景元四年（公元263年），司马昭令邓艾、钟会、诸葛绪率三路大军进攻蜀国。邓艾绕过剑阁，偷越阴平，率军直奔江油（四川江油县）。江油守将马邈开城投降。邓艾接着攻下涪城，进军成都，蜀国朝野一片混乱，懦弱无能的蜀后主刘禅决定投降。

司马炎登基之后，在全国范围大兴人才举荐制度。对于蜀汉旧地，一方面为了吸纳人才，另一方面也是为了稳定蜀地民心，司马炎命令有司大举征召蜀地人才，在征召的人才之中，就有以《陈情表》一文而名扬于后世的李密。

李密（224-287年）是犍为武阳（今四川彭山）人，字令伯，也有记述中称其还有一名为虔。李密幼年丧父，母亲何氏改嫁，李密由祖母刘氏抚养成人。李密自小孤苦无依，又没有父母爱护，因此有些忧郁寡欢，长久如此，就积郁成疾，身体条件很差。李密的祖母对李密照顾有加。

李密成人之后，对祖母孝敬有加，并且以对祖母孝敬甚笃而名扬于乡里。碰到刘氏生病的时候，李密就在旁边照顾，有时候伤心的哽咽哭泣，经常衣不解带的在旁边照顾。刘氏所使用的膳食和生病时所服用的汤药，李密都会亲自尝过，等到温度适宜，口感合适的时候，才给祖母吃。

李密勤奋好学，曾经拜师谯周学习。李密博览五经，尤其精通《春秋左传》。李密最初的时候在蜀地为官，为蜀汉尚书郎。在任期间，曾经多次处事吴国。凭借着渊博的学识，和机敏的才干，李密受到吴国人的重视和称赞。等到蜀国被平定的时候，李密回到家中，专心奉养祖母。

泰始初年，司马炎开始大举征召天下贤才，李密在征召之列，为太子洗马。李密因为对于蜀汉政权心存怀念，不想仕晋，并且当时李密的祖母刘氏身体状况也不是很好，于是李密以奉养祖母为由，多次拒绝了征召。最后，司马炎大怒，决定强行拉李密入朝，李密看到形势之后，写下流传于后世的《陈情表》来向司马炎表示自己的心意：

臣密言：臣以险衅，夙遭闵凶。生孩六月，慈父见背；行年四岁，舅夺母志。祖母刘悯臣孤弱，躬亲抚养。臣少多疾病，九岁不行，零丁孤苦，至于成立。既无伯叔，终鲜兄弟，门衰祚薄，晚有儿息。外无期功强近之亲，内无应门五尺之僮，茕茕孑立，形影相吊。而刘夙婴疾病，常在床蓐，臣侍汤药，未曾废离。

逮奉圣朝，沐浴清化。前太守臣逵察臣孝廉，后刺史臣荣举臣秀才。臣以供养无主，辞不赴命。诏书特下，拜臣郎中，寻蒙国恩，除臣洗马。猥以微贱，当侍东宫，非臣陨首所能上报。臣具以表闻，辞不就职。诏书切峻，责臣逋慢。郡县逼迫，催臣上道；州司临门，急于星火。臣欲奉诏奔驰，则刘病日笃；欲苟顺私情，则告诉不许：臣之进退，实为狼狈。

伏惟圣朝以孝治天下，凡在故老，犹蒙矜育，况臣孤苦，特为尤甚。且臣少仕伪朝，历职郎署，本图宦达，不矜名节。今臣亡国贱俘，至微至陋。过蒙拔擢，宠命优渥，岂敢盘桓，有所希冀！但以刘日薄西山，气息奄奄，人命危浅，朝不虑夕。臣无祖母，无以至今日；祖母无臣，无以终余年。母孙二人，更相为命，是以区区不能废远。

臣密今年四十有四，祖母刘今年九十有六，是臣尽节于陛下之日

长，报养刘之日短也。乌鸟私情，愿乞终养。臣之辛苦，非独蜀之人士及二州牧伯所见明知，皇天后土，实所共鉴。愿陛下矜悯愚诚，听臣微志，庶刘侥幸，保卒余年。臣生当陨首，死当结草。臣不胜犬马怖惧之情，谨拜表以闻。

司马炎看到李密的奏表之后，被深深的感动，赞叹道："贤能的才子能够成名于世，不是虚名啊！"于是尊重李密的选择，停止了对李密的征召。司马炎的尊重最终感动了李密。在祖母刘氏过世之后，李密入朝为官，仍然是之前为太子洗马的官职。

在李密辞官这件事上，可以看出，司马炎对人才的尊重可谓周到。一个人只有尊重他人，才能够获得他人的尊重。司马炎正是能够做到尊重人才，才能够反过来获得人才的尊重，也正是这样，在司马炎身边聚集着一批能征善战的武将和一批能够理政治国的文臣，也正是靠着这些大臣的辅佐，司马炎才能够无为而治，使得生产恢复，出现了"太康之治"的盛世景象。

从司马炎尊重人才的事例中我们可以看出：每个人都有每个人的性格特征，尊重别人的个性，切忌将自己的观念强加给别人，因为别人不是自己。因此只有尊重别人，才能够获得别人的认可和尊重。

在生活中，每个人都希望得到尊重。在受到不公平待遇时，有的人能忍，而有的人会当场爆发，之所以会这样，是因为每个人的性格都不同。但有一点可以确定，涵养高的人一般都不会马上发泄出来，因为他们能权衡利弊，顾全大局，不和别人一般见识。

在表面上看来，这种忍让的人好像胆子比较小，但这种忍让之行正彰显出了一个人高尚的修养和宽阔的心胸。所以，"海纳百川"的大气是我们每个人应具备的素质。

只有拥有博大的包容心，才能理解别人。当今竞争激烈的社会大潮之中，我们每个人都会遭逢坎坷和逆境，但是能够做到包容别人，理解他人的人，也必定是得到别人尊重的人。《孙子兵法》有云：攻城为下，攻心为上。虽然我们都是生活在同一个社会，面对相同的现实，但每个人的性格还是有很大不同的。

由于人与人的个性不同，所以表现的形式也各不相同。有的人善于表现自己，有的人默默无闻埋头苦干，有的人善于学习，有的人善于动脑，有的人善于动手。不同的表现形式所产生的效果也必然不同。我们应做到尊重差异，肯定别人与自己的不同之处，否则会严重阻碍我们和他人之间的交往。

只有认同别人与自己的不同之处，才能尊重别人。在肯定别人的同时，我们可以不断地完善自己，做到与他人良性沟通。众所周知，在有些时候，我们可能面对周围的人的一些怪癖行为，这些所谓的"怪癖"包括吃饭方式、使用家用品的方式以及梳头发等与众不同的小地方。所以只要我们不认同这些"怪癖"，心情会被严重干扰。

其实仔细一想，所有的烦恼都是自找的，我们应该勇敢地面对现实，因为每个人都有自己的处事方式。作为凡人的我们，在世界上是很难找到与自己一样的人的。

要想在现实世界中愉快地生活，我们需要拥有包容的心和尊重他人的态度，包容他人能帮助我们减少损失和伤害，最主要的是能为我们免除人事纷争和吵闹。

就如我们所了解的《西游记》，在"师徒团队"中，每个成员都有

自己的"个性"，并且是他人不可替代的。也正因为这些独特的、不可替代的个性，才使他们最终完成了"西天取经"的任务。

唐僧虔心向佛，举止优雅、生性和蔼、佛经造诣高，他不畏艰险、意志坚定，但有时候过于固执，不会换位思考。孙悟空天资聪颖，无论是思想，还是行动他都敏捷如风，学得一身法术本领，仅一口气就能七十二变、上天入地，缺点是做事冲动。猪八戒好吃懒做、生性贪财好色，更是贪生怕死，经常被妖怪迷惑，但他身上的优点还是很多的，如性格温和、单纯、有时候也是很英勇的。沙和尚作为三师兄，对猴哥的话无条件服从，对师傅忠心耿耿，在保护唐僧西天取经的路上，任劳任怨，他心地善良，淳朴老实，但缺点是过于老实，缺乏主见。

团队都由不同的成员组成，每个成员的个性也必然不同。就如《西游记》中的四位，他们各有各的优点，各有各的缺点，虽然有磨合，但他们也是相互尊重、相互影响的，最后才会成功地完成了取经大业。聪明的领导者用员工的时候就是针对每个人的个性，用其所长，避其所短。在管理中优秀的团队并非每个成员都表现出相同的个性，而是每个成员都发挥了自身的长处，形成了互补，成员之间相互尊重，互帮互利，就会让自己离心中的目标更进一步。

只有学会相互尊重、坦诚相待，才能友善地与他人相识、相交，坦诚相待，正所谓"人敬我一尺，我敬人一丈"。只有在尊重别人的同时，我们才能得到别人的尊重。尊重他人个性的过程其实是体现我们胸怀的过程，我们要明白别人所展现出来的样子是遵循了他们自己的生活方式。尊重他人是一种素质和修养，更重要的是一种智慧和胸怀，它体现了理解、信任、团结和平等。在尊重别人的同时，我们也可以给别人以自信、力量和温暖。

习惯于容忍别人和尊重别人是我们应该做到的。当我们无法欣赏别人的行为习惯时，要相信别人并不是故意的，而这是他个性的体现。所以因为别人为自己所看不惯的行为而发怒时，这如同我们对路上的石头发脾气，是愚蠢的举动。

对于很多人的个性，我们不能试图去改变，而是学会适应和尊重。尊重是相互的，只有尊重他人，才能在人际交往中被别人尊重，进而完善自己，取得成功。

永远要感谢团队成员

一个团队的发展，离不开人才的支持，在团队发展到一定程度的时候，领导者一定不能忘记那些曾经为了团队的发展付出了自己的努力，甚至鞠躬尽瘁的成员。只有用人者怀着感激心情，感念那些元老为团队作出的贡献，才能够收服其他成员的心，才能够获得团队成员的真心归附。

蜀汉灭亡以后，新建的西晋王朝肩负着一统天下的历史使命。在后面的灭东吴的战役中，一代名将羊祜是必须要提及的人。

羊祜，字叔子，今山东费县西南人，出身于汉魏名门士族之家，是西晋时期著名的军事家。

从羊祜起上推九世，羊氏各代都有人担任二千石以上的官职。羊祜的祖父羊续，是汉末南阳太守，而父亲羊衜是曹魏时期的上党太守，母亲是汉代名儒、左中郎将蔡邕的女儿。此外，羊祜的姐姐嫁给了司马懿之子司马师为妻，而羊祜本人的妻子是曹魏皇室成员夏侯霸的女儿。所以，羊祜在魏晋两朝时的身份和地位都很特殊。正因为与众不同，青年时期的羊祜虽然因博学多才、善于写文、长于论辩而盛名于世，但多次回绝州郡政府的征辟，如此之举主要是为了避免卷入曹氏集团与司马氏集团之间为争夺最高权力而进行的斗争。

从门第关系来看，虽然羊祜基本上游离于两大集团争斗之外，但从思想感情上来说，他更亲近司马氏集团。正始十年，司马懿发动高平陵之变，夺取了曹魏的军政大权。在政变之后，司马懿采取措施清除曹氏势力，所以很多人都遭到株连。当时，虽然夏侯霸，也就是羊祜的岳父为免遭杀戮，向蜀国投降，但羊祜并没有因此受到牵连，这应该与他亲近司马氏集团的态度有关。

在司马昭执政时期给予了羊祜第一次征辟，而且他也接受了。不久羊祜就成了司马氏集团的一员，并且逐渐成为该集团中的重要人物。在曹髦统治时期，羊祜先后出任中书侍郎、给事中、黄门郎等职。到魏元帝时期，羊祜调任为秘书监。到司马炎建五等爵制的时候，羊祜以功被封为巨平子爵，管理六百户。不久之后，羊祜又被任命为相国从事中郎，与司马炎的另一心腹荀勖共掌机密。在司马炎代魏前夕，羊祜被调任为中领军，管理御林军和京城内外戍卫。在司马炎受禅后，羊祜辅佐他，并有很大的功劳，所以司马炎进号羊祜为中军将军，加散骑常侍，晋爵为郡公，管理三千户。当时，由于羊祜害怕这些封赏会引起贾充等权臣的妒嫉，所以拒绝封公，只是接受侯爵一职。泰始初年，司马炎曾改任羊祜为尚书右仆射、卫将军等职。

建立西晋以后，晋武帝司马炎筹备灭亡孙吴的战争，进而统一全国。在泰始五年也就是公元269年，司马炎除任命大将军卫瓘、司马伷分镇临淄、下邳，加强对孙吴的军事布置外，还特地调任羊祜为荆州诸军都督，镇守襄阳，以做好战前准备。当时，在荆州，西晋与孙吴是南北对峙的，西晋所辖荆州包括今天的陕西、河南的一小部分和湖北北部地区，而孙吴所辖的荆州则是今天的湖北和湖南的大部分地区。荆州是晋吴间边界线最长的地区，也是西晋灭吴战争的关键地区。

前面提到羊祜到荆州时，形势并不稳定。当时该地区的百姓生活困苦，军粮不足，所以羊祜把精力首先放在了荆州的发展上。羊祜禁止以建造府第的名义扰乱群众，大量兴办学校，允许晋吴两国的边民自由往来，加强交流，想尽一切办法来改善老百姓的生活。不久之后，羊祜就设法让孙吴撤掉石城驻军，他们严重威胁襄阳地区的发展。此举可以抽出一部分军队进行生产活动。他把军队分成两部分，一部分负责执行巡逻戍守的军事任务，另一部分负责垦田、耕耘。仅一年时间，羊祜带领军队垦田八百余顷，收获的粮食足够十年的军需。在羊祜的管理下，荆州社会稳定，人民生活水平得到了很大改善，军粮充足使军队的战斗力大大增强。羊祜的举措获得了晋武帝的肯定，为奖赏他，晋武帝司马炎下令取消江北所有的都督建置，任命羊祜为南中郎将，命令他指挥汉东江夏地区的全部军队。不久之后，羊祜又被加封为车骑将军，并受到开府如三司之仪的特殊待遇。

第四章 司马炎对你说用人

泰始六年，也就是公元270年，陆抗到达荆州，他当时是江东著名的军事家，受孙吴之令来荆州担任都督。陆抗来到荆州后注意到了西晋的动向，于是马上上书给吴主孙皓，把自己的想法归纳为十七条建议，提醒孙皓。羊祜对于陆抗的到来感到不安。于是他一方面加紧在荆州进行军事布置，另一方面密呈晋武帝奏表。在密表中羊祜建议，如果想打败孙吴最重要的还是要利用长江上游的便利条件，建议晋武帝在益州大办水军，并推荐益州刺史王濬统领水军。在羊祜看来，王濬是治理水军的不二人选，而史实也证明了羊祜的做法是非常正确的。

泰始八年，羊祜认为虽然孙吴的国势已经衰退，但还是有一定实力的，况且他们还有陆抗这样的优秀将领主持军事，所以平吴战争不能过于急躁。是什么让羊祜如此认为呢？事情是这样的，在公元272年8月，吴主孙皓解除西陵总督步阐的职务。当时步阐害怕被杀，所以在当年九月，就投降晋国。陆抗听到此事后，立即派兵围攻西陵。看到如此形势，晋武帝命令羊祜和徐胤各自率军兵分两路，分别攻打江陵和建平，从东西两面分散陆抗的兵力，从而实现由杨肇直接去西陵救步阐的计划。但是由于陆抗破坏了江陵以北的道路，晋军运粮困难，加上江陵城防坚固，不易攻打，所以羊祜只能屯兵于城下，无法前进。当时杨肇由于兵少粮悬，被陆抗打败，而步阐城陷族诛。在战争结束后，羊祜因此事受到处罚，被贬为平南将军。

如此状况之下，羊祜只得改变对孙吴的军事策略，于是他一方面采取军事蚕食，另一方面提倡信义，不断增强实力，等到合适时机灭吴。羊祜首先派兵占据了荆州以东，然后建立五座城池，把石城以西的土地也都纳入到了西晋的版图之中，这样可以牵制孙吴。在荆州边界，看到孙皓对百姓是如此残酷，于是羊祜就通过讲究信义来拉拢孙吴的百姓和军队。其实每次作战，羊祜都事先与对方商定交战的时间，从不搞突袭。只要有人主张主张偷袭，他就把他们灌醉，从而可以堵住他们的嘴。有一次，部下从边界抓到了吴军两位将领的孩子。在羊祜知道后，他命令马上把孩子送回。对于被俘的敌将，羊祜采取的办法都是释放，而对战死的吴人也厚礼殡殓，送交对方。在行军作战路过吴国边境时，只要晋军使用了当地的粮草，他都会如数赔偿。在打猎的时候，羊祜规定部下，不能超越边界线。凡是被晋人射杀的吴国禽兽，他都如数送还。在吴军将领投奔西晋时，羊祜都会给予厚待。此举定会使对方心悦诚服。所以，吴国人都很尊重他，从来不直呼他的名字，而是敬称"羊公"。在他的感召之下，很多人归顺他。其实陆抗很明白羊祜的心思，但也无计可施，只好告诫部下说："羊祜专做好事，而如果我们专做坏事的话，这不就等于我们就被人家制服了吗？现在，我们最主要的任务就是守好边界，千万被对方的小恩小惠所俘虏。"在很长的一段时间里，晋吴两国的荆州边界线一直处于和平的状态。

在咸宁二年（276年）十月，晋武帝改封羊祜为征南大将军，官复原职。经过七年的练兵和各项物资准备，荆州边界的晋军实力已远远超过了吴军。此时，陆抗已经病死，所以孙吴在荆州边界无人能与羊祜抗衡。而孙皓的残暴统治引起了朝野上下的不满，民众更是怨声载道。在羊祜看来，灭吴的条件已经成熟。所以，羊祜上书晋武帝请求伐吴。但羊祜的建议却遭到了朝内许多大臣的反对，其中贾充、荀勖等人的反抗声最为强烈。在他们看来，西北地区鲜卑人的骚乱问题是最应该首先解决的问题，而灭吴战争应该稍微往后放。听到大臣们的如此言论，晋武帝犹豫了，当时羊祜的建议除得到尚书杜预、中书令张华等少数人支持羊祜外，其他众臣都没有接受。所以灭吴计划被搁置了。羊祜感到十分痛心。

咸宁四年八月，羊祜患重病。回到洛阳后，虽然抱病，但羊祜对晋武帝一再陈述伐吴主张。后来，因病势加重，羊祜自知不能久活于人士，于是对前来探病的张华说："孙皓现在实行暴政，遭到了朝野上下的一致反对，吴国处于内忧的局面，现在灭吴可以不攻自败。一旦孙皓不在了，而吴国另立有为的新君。即使我们有雄兵百万，也很难灭掉它了。因此此时不灭吴国，它定成为我们的后患！"此番主张得到了张华的认可，于是羊祜很高兴地说："我的志向，你可以实现。"此时，晋武帝也意识到了时不我待，他命令羊祜带病指挥灭吴战争。羊祜回答说："我对功名的事并不在意。如果有合适的人选，我会向您推荐的。"这年的十一月，羊祜病故，享年58岁。临终前，他向晋武帝举荐杜预接替自己的职务。

西晋灭亡孙吴的战争是中国历史上一次重要的战争，其标志着自东汉末年以来分裂割据状态的结束，使中国重归一统。羊祜虽没能亲自指挥这场战争，但他为规划、准备这场战争做出了不可磨灭的贡献。晋武帝在灭吴后曾流着眼泪，追忆羊祜的功绩，他说："这都是羊太傅的功劳啊！"

羊祜的死讯传到荆州，人们闻讯莫不痛哭流涕，襄阳城罢市，街头巷尾一片哭泣之声。就是孙吴的守边将士知道消息后，也忍不住流下了眼泪。襄阳老百姓为纪念他，在羊祜生前喜欢游憩的岘山，刻下石碑，因人们一看见石碑就想起羊祜落泪，所以这块碑又名"堕泪碑"。

羊祜作为晋朝的老臣，可谓鞠躬尽瘁死而后已。而更加令人感动的，是司马炎这种感念元老功勋的态度。事实上，司马炎在某些方面并不算一个合格的好皇帝，但是在司马炎有生之年，朝中名将辈出，忠臣也很多，在一定程度上，也是因为人才被司马炎这种对于臣下的这种感怀的态度所感动。

人的黄金期短短二十年，当今时代也是一样，结合到用人这一点，我们知道，员工的更新换代不可避免的，新员工带来了生机和活力，提升了效率和技能，促进企业发展。这时管理者又该如何对待老员工呢？一脚踢开吗？显然不可以。

有这样一个故事：一位渔民靠打鱼为生，他每天都能够捕到很多鱼，生活过得一天比一天好，而这与他养的一群鸬鹚十几年如一日的辛苦劳作是分不开的。

随着时间的流逝，这群鸬鹚一天天衰老，它们的动作明显变得缓慢，捕鱼量达不到渔民的要求。于是，渔民买回了好几只小鸬鹚，在教会了它们一些简单的捕鱼技巧后，便让它们和老鸬鹚一起捕鱼，学习老鸬鹚的经验。

小鸬鹚们不仅聪明灵巧，而且非常擅长学习，没过多久就掌握了捕鱼的全部本领。它们把捕鱼当成了一种乐趣，在海中充分展示着自己的本领。就这样，渔民每天的捕鱼量又开始增加。

这时候，老鸬鹚的生活却一天比一天糟糕。它们不仅得不到小鸬鹚们现在的待遇，而且面临着生命危险。因为它们发现，渔民已经开始用它们做下酒菜了——每隔几天，就会有一只老鸬鹚被宰杀。

一天，活着的几只老鸬鹚集体绝食，这令渔民感到奇怪。不过，渔

民并不在意。然而，接着发生的事情让他措手不及。

这天，渔民仍然像往常一样带着鸬鹚出海。到了捕鱼地点时，小鸬鹚不再像以前那样争先恐后地跳下水去捕鱼。于是，渔民开始驱赶它们，但它们仍然不愿意下水。

渔民生气了，不满地对小鸬鹚们说："你们为什么变得如此懒惰呢？我让你们吃得好、住得好，你们就这样报答我吗？"

渔民的话刚说完，一只小鸬鹚就说话了："您对我们的确不错，但我们从老鸬鹚的身上看到了我们以后的命运。您既然现在这样对它们，以后会不会以同样的方式对我们呢？"

聪明的管理者是不会像渔民那样的，他们懂得牺牲小我、成就大我。

李嘉诚所拥有的第一幢工业大厦是香港北角的长江大厦，这也是他赢得"塑胶花大王"称号的根据地。有一次，香江才女林燕妮打算开广告公司，于是到处寻找公司地点。当她到长江大厦看楼时，竟然发现李嘉诚还在生产塑胶花，顿时感到大惑不解。

林燕妮之所以对李嘉诚的做法感到惊讶，是因为那时塑胶花早已过了黄金时期，根本无利润可言。另外，李嘉诚领导的长江实业在地产和股市上的发展可谓如日中天，利润相当可观。即使塑胶花还有市场，但也是微薄小利，对长江实业来说，没有太大关系。

再三思索之后，林燕妮思终于明白了李嘉诚的良苦用心，"肯定是顾念着老员工，让他们有点生计"。

为此，林燕妮还在一篇文章中提道："长江大厦出租后，塑胶花厂停工了。但是，长江实业的老员工被安排在大厦里干管理事宜。所以对老员工，李嘉诚是很念旧的。"

林燕妮的看法很有道理，李嘉诚确实很念旧，对那些曾帮他打过天下的老员工们，他感恩不尽。

一次，有人问李嘉诚为什么还要去顾及这些老员工，他回答说："其实企业跟家庭一样，作为企业的功臣，他们理应受到这样的待遇。现在他们老了，作为晚辈，就该负起照顾他们的义务。"

听李嘉诚如此回答，那人赞叹道："李先生的这种精神真是难能可贵，在现在社会中，很多老板等员工老了就一脚踢开，而你却不同。你的老员工，过去靠你的厂生活，现在厂没有了，仍然靠你生活。"

李嘉诚急忙解释道："千万别这么说，老板养活员工，是旧式老板的观点。而现代企业的观念应该是员工养活老板、养活公司。"

众所周知，商人所追求的就是利益最大化，俗话说就是赚钱。商人与慈善家不同，一旦工厂没有效益，必然会关闭。都说商场无情，但李嘉诚却是有情的，他对员工的态度真是令人动容。

向成功人士学习成功的经验是我们走向成功的有效方法。即使是领导者，也要有学习的精神，向优秀的领导者学习，厚待自己团队的元老功臣，这样不仅会激励其他员工，也会解除员工的后顾之忧，从而激发他们的积极性，进而促进公司的发展。

知人善任，用人不疑

知人善任，就是要用人者能够了解人才的能力，做到扬其长避其短，给以合适的岗位施展他的才华。用人不疑，就是用人者对于自己任命的人才，要能够做到充分的信任，不能够疑神疑鬼，用自己的猜忌给人才套上锁链。只有做到了知人善任和用人不疑，才能够给予人才展示才华的舞台，才能够发挥人才的才华，进而促进团队的发展。

在晋武帝时期，一直推行宽容的人才政策，所以人才济济，在各个方面出现了许多大家。晋武帝本人能够知人善任、用人不疑，才使人才采能够充分地放开手脚，施展自己的才华。

裴秀字季彦，是当时的河东闻喜人，裴秀的父亲裴潜曾经仕魏，官至尚书令。裴秀小的的时候机敏好学，很有节操风度，在八岁的时候，就能够写文章。当时的名士裴徽是裴秀的叔父，裴徽平日里有许多的宾客，这些宾客在拜访裴徽的同时，还要顺路去拜访一下当时仅有十来岁的裴秀，可见当时裴秀的盛名。

说到这里还有一个小故事，裴秀并不是裴潜的正室所生，裴秀的母亲出身卑贱，因此正室对她很是无理。又一次家里来了客人，正室宣氏竟然让裴秀的母亲去给客人端饭菜，这在当时是下人干的活，因此很具有侮辱性。然而当裴秀的母亲端饭菜出来的时候，客人便主动站起来向她行礼。裴的母亲感慨道："我本是卑贱的出身，却受到这么隆重的礼遇，这都是因为我的儿子有本事的缘故啊！"自此以后，正室宣氏也不敢再轻视裴秀的母亲了。

裴秀长大后，受到渡辽将军毋丘俭的推荐，进入大将军曹爽的幕府，被曹爽征召为掾属，承继了父亲的爵位，后来又升迁做了黄门侍郎。毋丘俭曾经称赞裴秀说："生而聪明，长大后崇尚自然，虚静守真，性入深奥之道，博学强记，无文不通，孝敬尊长，友善兄弟，美名著于乡里，高声闻于远近。实应为圣明天子之辅臣，登三公之位，参赞于大府，功德昭化天下。不只是子奇、甘罗这一类的人物，兼有颜回、冉求、子游、子夏的美德。"曹爽被杀的时候，裴秀被免职。

裴秀后来再次被启用，做了廷尉正。在司马昭掌权的时期，历任安东将军和卫将军的司马。他对司马昭所提出的军国之政的谋略，多数都能够被司马昭采纳，后来升迁到散骑常侍之职。

司马昭讨伐诸葛诞时，裴秀曾参与谋划。在讨伐诸葛诞的过程中裴秀曾随司马昭跑了不少地方，由于地图有误，吃了不少苦头。明明地图上似乎很近的地方，但跑了几天也看不见影子；明明地图上没有山也没有水的标记，但真到了那儿，却冒出连绵的山冈或汹涌的河流来。当是地图的绘制不仅不够精准，并且相当的复杂，甚至为了描绘大面积的地域，要相应地将地图画在大面积的布帛上。当时宫廷中曾将珍藏着一份地图，叫做《天下大图》，这份地图是用几十匹绸子拼接着制作而成的，不仅难以保存，而且使用很不方便。

裴秀知道地图不精造成的痛苦，于是发奋钻研，改革地图，修正错误。他首先运用了简缩的技术，用"一分为十里，一寸为百里"的比例尺，把那幅用几十匹绸子做的巨图缩画成了《地形方丈图》。

裴秀还提出了绘制地图的六个基本要点，即比例尺、方位、交通路线的实际距离、地势起伏、地物形状和倾斜缓急等。这些都是世界地图学史上划时代的创新，除了经纬度和等高线外，已经包括了现代化制图的基本要素。这在自然科学不发达的一千多年之前，是一个非常了不起的贡献。

当初，司马昭没有确定自己死后的继承人。并且在事实上，司马昭

是想要立舞阳侯司马攸做自己的世子，以在将来继承自己的权力。这时候的司马炎曾经对裴秀说："人有贵贱之相否？"边说边把自己身上的不同与常人的地方指给裴秀看。裴秀在后来对司马昭说道："中抚军在世人中有德望，又有这样天生的标记，定非做人臣的相貌啊！"在裴秀的建议下，司马昭最后才定司马炎为世子。

早在诸葛诞平定后，裴秀就转为尚书，晋封为鲁阳乡侯，增食邑一千户。武帝即王位以后，裴秀拜为尚书令、右光禄大夫，与御史大夫王沈、卫将军贾充都是开府，加给事中。武帝受禅让即帝位，加左光禄大夫，封巨鹿郡公，食邑三千户。

裴秀做到尚书令之后，很多人都开始趋炎附势。裴秀的老朋友郝诩，因为和裴秀是旧交，关系也很好，所以就有些飘飘然。甚至在给他人写的信中，公然说道："尚书令裴秀是我的老相识，你如有什么事要他帮助关照，我给你去说说，这点面子他总会给的。"这封信最终落到了别人的手中，于是有人以这封信作为证据，到晋武帝面前状告，企图打击裴秀，说他假公济私。

晋武帝看过信之后说道："一般人不能使别人不对自己指责诬陷，古人也难于做到这一点。别人求裴秀办事，是别人的事，裴秀怎能预先防止呢？况且假公济私还没有成为事实，裴秀有什么罪呢？不要追究他的责任了。"

不久之后，司隶校尉李熹又告发说："骑都尉刘尚替裴秀强占官田，应该定裴秀有罪，应该关押！"晋武帝又给他开脱说："强占田地罪在刘尚，为何要关押裴秀？"帝又下诏认为裴秀支撑辅助朝政，有功勋于王室，不能因为小毛病而抹煞他的大德，命令有司追究论定刘尚的罪，也就解决了这件事。

晋武帝的公正无私，不信谗言，使裴秀在地图方面做出了重要贡献。

裴秀果然也不负众望。他博闻强识，留心政事。在任期间，经过他所裁定的事情，都很合乎礼的规范。裴秀当时做的官职，关系到地理方面。裴秀意识到当时《禹贡》中的山川地名之类，长久以来一直沿用，但是后世对于这些地方的认识，很多已经改变了，以前流传下来的东西，已经多不符合当时的实际，有些注解什么的显得牵强附会，根本说不通，这样下去，时间长了，就会变得混淆不清。

于是裴秀开始鉴别以前留下来的文字，对于有疑问的地方，就先空缺存疑；对于以前留下来的，但是已经不符合现在情况而不再使用的，也一一加以注明。最终成书《禹贡地域图》十八篇，并把它呈献给皇帝，藏到了皇帝的秘府中。

其序言说道："图书之设，由来尚矣。自古立象垂制，而赖其用。三代置其官，国史掌厥职。暨汉屠咸阳，丞相萧何尽收秦之图籍。今秘书既无古之地图，又无萧何所得，惟有汉氏《舆地》及《括地》诸杂图。各不设分率，又不考正准望，亦不备载名山大川。虽有粗形，皆不精审，不可依据。或荒外迂诞之言，不合事实，于义无取。

大晋龙兴，混一六合，以清宇宙，始于庸蜀，采入其岨。文皇帝乃命有司，撰访吴蜀地图。蜀土既定，六军所经，地域远近，山川险易，征路迂直，校验图记，罔或有差。今上考《禹贡》山海川流，原隰陂泽，古之九州，及今之十六州，郡国县邑，疆界乡陬，及古国盟会旧名，水陆径路，为地图十八篇。

制图之体有六焉。一曰分率，所以辨广轮之度也。二曰准望，所以正彼此之体也。三曰道里，所以定所由之数也。四曰高下，五曰方邪，六曰迂直，此三者各因地而制宜，所以校夷险之异也。有图象而无分率，则无以审远近之差；有分率而无准望，虽得之于一隅，必失之于他方；有准望而无道里，则施于山海绝隔之地，不能以相通；有道里而无高下、方邪、迂直之校，则径路之数必与远近之实相违，失准望之正矣，故以此六者参而考之。然远近之实定于分率，彼此之实定于道里，度数之实定于高下、方邪、迂直之算。故虽有峻山钜海之隔，绝域殊方之迥，登降诡曲之因，皆可得举而定者。准望之法既正，则曲直远近无所隐其形也。"

裴秀不仅在地图创制方面有所贡献，在晋朝他还负责创制朝廷礼仪整理刑事法则，多数都被朝廷所采纳应用，并公之于世，作为范例。

裴秀在位四年，被称为当世名公。晋人都有服药的风气。有一次，裴秀服用寒食散，服寒食散之后，本来应当饮热酒，但是裴秀却不小心喝了了冷酒，因此而得病，并在泰始七年（271）病死，终年48岁。

裴秀开创了我国古代地图绘制学。李约瑟称他为"中国科学制图学之父"，与欧洲古希腊著名地图学家托勒密齐名，是世界古代地图学史上东西辉映的两颗灿烂明星。裴秀能够取得如此光辉的成绩，除了其自身的才华，还得益于司马炎对于裴秀能够知人善任，用人不疑。使得裴秀能够放开手脚，施展自己的才华。

知人善任，顾名思义，必然包括知人和善任两个方面。其实这两个方面是相互联系的。俗话说"为政之本，在于选贤"，然而选贤的前提是知人善任。所谓知人就是了解人，善任就是要用好人。二者的关系体现在：知人是善任的前提，善任是知人的目的；通过知人以达到善任，又在善任中进一步知人识人。

了解人、用好人是事业成功的关键。所谓用好人是指：当下属把所有的才能都发挥出来后，他们的缺点也自然而然地暴露出来，我们就能知道他是否为德才兼备的人，无论何时，德才兼备之人都是领导者的首选，但这样的人实属不多，所有还要利用有一定缺点的人。其实有缺点的人无非就是两类：一是德高才疏，二是才高德浅。这两类人，领导者不能同时使用。如在创业时应当重用才高德浅的人，因为他们能成大事，但不容易控制，所以在稳定事业时就不能再用这样的人，而要重用德高才疏之人，他们可以帮助自己稳定大局，更会严格执行自己的决定。这其实也是盛唐李世民兴唐的用人之道。所谓"知人"就是了解他的长处与短处，发扬其长处，控制其短处。如果出现领导者难以控制下属缺点时，这就暗示此人不可再用。

在做到了知人善任之后，接下来就要做到用人不疑。

所谓"用人不疑"就是相信他人。用人不疑，是一种领导者自信的表现，更是促使事业成功的有力途径。在授权下属后，你可以观察和监督他们的所作所为，这样做不仅能开阔自己的眼界，更能明白自己真正的目标，从而能高瞻远瞩。当你授权给下属时，他们感到自己被重视、被信任，从而在工作中更加卖命。这样，你的整个团体就能同心合作，人人都能发挥所长，使团队充满活力，使自己的事业蒸蒸日上。

第四章

司马炎对你说用人

第五章

司马炎对你说 为人处世

俗话说得好："做事先做人，立业先立德。"在我们的人生发展中，无论我们要做什么，都首先要从自身做人开始，只有首先作为一个堂堂正正的人，才能够发展自己，取得成功，这就是我们的为人之道。在日常生活中，我们每天都要与很多人接触，即处世。处世之道是每个人终生必修课，尤其在当今交往频繁、人际关系复杂的社会里更是如此。学好为人处世之道，能够拓宽我们发展的空间，能够让我们在发展之路轻松前行。

要有宽广的胸怀

胸怀宽广、雍容大度一直都是中华民族所提倡的优良传统，有容乃大不仅是历代名君的治国策略，也是做一个成功者的基本素质。事实也如此，随着经济发展的多元化，人们所面对的现实情况也变得日益复杂，这就要求现代人要具备更宽广的心胸，以适应社会，得到更大范围内的发展。

魏黄初元年（220年）十一月，魏文帝曹丕"受禅"得位后的次月，汉献帝刘协被奉为山阳公，继续使用汉代国号、纪年等，享用天子的礼乐，他的四个儿子也都被封侯。

魏文帝曹丕当然没有想到由他"受禅"得位所始创的宽惠旧朝君主的做法，在四十五年之后又被袭用到他的子孙后代身上。

晋武帝泰始元年（265年）十二月，魏文帝曹丕之后的第四代皇帝魏元帝曹奂"禅让"皇位给相国、晋王司马炎。晋武帝司马炎亦施行宽惠做法，而且升了一格，奉魏元帝曹奂为陈留王；载天子旌旗，备五时副车，在自己的封地内继续沿用魏国国号、纪年等；祭祀天地，礼乐制度皆如旧时魏国皇帝所用，上书新朝亦不必称臣；魏室的各位藩王都得到封侯。

魏文帝曹丕"受禅"得位后，虽然显示了胸怀，但仍有所顾忌，汉朝宗室一直被禁锢，刘姓公侯一直被挟制。

晋武帝司马炎登基，宽怀再开，一改曹魏防禁汉朝宗室十分严厉的做法，下诏解除对魏国宗室的禁锢，取消魏以来汉朝宗室不能出来为官的禁令。

魏文帝曹丕以后，还一直奉行武将征戍或镇守边境，长史出任州郡官府，都要把亲属留在京师作人质，以牵制文官武将不敢有背反朝廷之心。

晋武帝司马炎登基后，将此项规定，也予解除。

魏文帝曹丕把汉献帝刘协迁至河内山阳（今河南省温县西），虽然邑其万户，但仍有防范汉刘宗室干预朝政之心。

晋武帝司马炎只让陈留王曹奂退居京城洛阳西北角的金墉城，亦邑其万户，却未显示更多的防范之心。

陈留王曹奂，字景明，是魏武帝曹操之孙，魏燕王曹宇之子。魏高贵乡公曹髦甘露二年（257年），曹奂12岁，受封安次县常道乡公。高贵乡公甘露五年（260年），曹髦被杀身亡，曹奂应太后诏书，入洛阳即位，史称魏元帝，时14岁。曹奂本名曹璜，因太后诏曰"古者人君之为名字，难犯而易讳。今常道乡公讳字甚难避，其朝臣博议改易，列奏"，故改璜为奂。

曹奂即位后，立刻表现出对司马氏的恭顺，下诏进大将军司马昭为相王，封晋公，增封二郡，并前满十，加九锡之礼；对司马昭的各群从子弟，其未有侯者皆封亭侯，赐钱千万，帛万匹。司马昭辞让不受。

汉献帝刘协夫人节氏过世，曹奂亲临华林园，派使者持节追谥夫人为献穆皇后。等到献穆皇后入葬时，又准其车服制度皆如汉朝原来

习仪。

是年十一月，燕王曹宇上表贺冬至节，称己为臣。曹奂遂下诏说："古之王者，或有所不臣，王将宣依此义（这里的"王"指其父燕王）。表不称臣乎！又当为报。夫后大宗者，降其私亲，况所继者重邪！若便同之臣妾，亦情所未安。其皆依礼典处，当务尽其宜。"这里可见，曹奂不以皇者为尊，却以父子之情为重。

景元二年（261年）五月，曹奂再命大将军司马昭晋爵晋公，加位相国，备礼崇锡，一如前诏。司马昭再辞。

景元四年（263年）二月，曹奂又下诏司马昭晋位赐爵，司马昭又辞。

三个月后司马昭欲平蜀。曹奂遂下诏书说："蜀，蕞尔小国，土狭民寡，而姜维虐用其众，曾无废志；往岁破败之后，犹复耕种沓中，刻剥众羌，劳役无已，民不堪命。夫兼弱攻昧，武之善经，致人而不致于人，兵家之上略。蜀所恃顿，唯维（指姜维）而已，因其远离巢窟，用力为易。今使征西将军邓艾督帅诸军，趣甘松、沓中以罗取维，雍州刺史诸葛绪督诸军趣武都、高楼，首尾蹴讨。若擒维，便当东西并进，扫灭巴蜀也。"

诏书内容当然可测是司马昭意图所现，曹奂对司马昭俯首帖耳这一点，也说明了可见。

这年冬十月，曹奂又一次提出司马昭晋位赐爵一事。司马昭到底接受了。

魏元帝咸熙元年（264年）三月，曹奂继而将司马昭由晋公晋爵为晋王，增封十郡。这样，司马昭就从魏高贵乡公曹髦甘露三年（258

年）的始封八郡，到景元四年的增封二郡，再到此时的加封十郡，共得二十郡了。随后，又追命舞阳文宣侯司马懿为晋宣王，舞阳忠武侯司马师为晋景王。

六月，镇西将军卫瓘率雍州兵至成都，获得璧玉、印各一枚，印文似"成信"字样。曹奂依周成王归禾之义，宣示百官后，奉至司马昭的相国府收藏。

八月，曹奂命中抚军司马炎副式相国事。九月，再以他为抚军大将军。十月，再命他为晋世子。

咸熙二年（265年）二月，朐肭县获灵龟献给曹奂，曹奂将灵龟归于相国府。

五月，曹奂以极恭敬的言辞下诏，把吴主孙皓所献的方宝纡珍，送归晋王司马昭。旋又给予其一切皆如帝王的殊礼，位出己父燕王曹宇之右；晋王妃称作王后，晋世子称作太子。

史家对此有评："古者以天下为公，唯贤是与。后代世位，立子以适；若适嗣不继，则宜取旁亲明德，若汉之文、宣者，斯不易之常准也。"又云："高贵乡公才慧夙成，好问尚辞，盖亦文帝之风流也；然轻躁忿肆，自蹈大祸。陈留王恭以南面，宰辅统政，仰遵前式，揖让而禅，遂飨封大国，作宾于晋，比之山阳（即汉献帝刘协），班宠有加焉。"

陈寿的这段评语，虽不乏取悦于晋之意，但亦道出两点：一是天下应唯贤是举，显示了他非同寻常的学识；二是褒奖了陈留王曹奂能识时务，故能比山阳公刘协得宠有加。

的确，对于这样一位注重人情、谦恭至极的禅让者，晋武帝司马炎对之宽惠是十分自然的。当初汉献帝刘协在彻底失势之前，还有过传

"衣带诏"等抗争之事，魏文帝曹丕对汉刘宗室进行禁锢兴许缘出于此。陈留王曹奂不但被废立前毫无拒反行为，禅位之后虽得"上书不称臣"的礼遇，却仍然"每事辄表"，以至晋武帝都称他"操尚谦冲"，诏示他"非大事皆使王官表上之。"对他无甚防范之心、很快解除魏氏宗室禁锢，也是人意中之事。

陈留王曹奂于晋惠帝司马衷太安元年（302年）去世，享年56岁，谥号魏元皇帝。

如果说陈留王曹奂等是由于"禅让"才得到司马炎宽待，那就错了。后来司马炎平吴，吴主孙皓可是实实在在的俘虏。他和太子孙瑾被缚着双手，满面泥污地被押往洛阳。司马炎随即下诏派人去谒见孙皓，解其缚，赐给其衣服、车乘以及田三十顷，每年供给的钱粮、绵绢非常丰足。封孙皓为归命侯，拜其太子为中郎，其他儿子为郎中。吴国原来的臣僚，因其才予以擢升，阵亡大将的家被安置在寿阳。渡江过来的将吏免税徭十年，百姓及工匠免税徭二十年。

魏邵陵厉公曹芳被废时，太宰中郎陈留和范灿素服拜送，哀声震动左右，之后两人称病不出，表面癫狂不已，住在屋内还坐着车子，足不履地，抗拒之心颇显。司马炎为帝后，诏以两千石奉禄让陈留养病，加赐帛百匹。范灿不说话达三十六年，亦未受大难，八十四岁终于死于车内。

司马炎作为开国皇帝，有着广阔的胸襟，宽广的胸怀。他能够容人，能够容事，也正是这样的宽阔的胸怀，才能够使得司马炎成就自己的事业，创立一个统一的国家。

宽容待人是一个人的美德，更是一种道德修养，同时也体现了人生的真谛。对于曾经伤害过自己的人，在他遇到困难的时候还能出手相助，这不但能体现出你博大的胸怀，而且还可以"化敌为友"，使自己人际环境更加和谐融洽。

如果一个人胸怀狭隘，难以包容他人，那么他不仅难成大业，而且在人际交往中，也难以与他人和睦地相处，这必然造成内心孤单、寂寞和痛苦。一个拥有宽大的胸怀的人，不仅可以收买人心，使优秀人才都集中到自己身边来，还能使周围的人互帮互助、同心协力。此外，心胸宽广也可以使自己心平气和、头脑清晰、心态平稳，从而开阔自己的视野，为将来谋求更大发展打下坚实的基础。古往今来，凡成就大事者必有过人的心胸。在战国时期，有一次楚庄王征战大获全胜，在京师宴请文武时，有人乘风吹灭蜡烛之机拉了楚庄王爱妃许姬的衣袖，许姬在黑暗中拿着对方的缨带，要求庄王立即点亮蜡烛，惩办那人。但是庄王并没有照许姬所说的去做，相反他要求在场的宴会人员都解开缨带，摘下帽子，开怀畅饮，享受欢乐之后众人散去。这正是楚庄王的与众不同之处，在讨伐郑国时，楚庄王的部将唐狡骁勇善战，为战争胜利立下了汗马功劳，当即，庄王就重赏他，但唐狡却拒绝说，不敢再接受了。庄王惊讶地问为什么，唐狡告诉庄王宴会上原来是他拉了许姬的衣袖，大王却不追究，他感恩不尽，所以舍命相报。正是庄王过人的宽广的心胸，才得到了唐狡奋力死战的回报。

拥有宽广的胸怀不只是为人处事的基本要素，也是人走向成功的基础。如果你能容一个班的人，只可以当班长。同样，能容一个团的人可以当团长。但是只有能容亿万人的人，才可以成为首脑和领袖。如果一个人想有一番大的作为，那么他必须时刻以首脑和领袖所拥有的胸襟来要求自己，只有这样，才能适应社会的发展。

宽广的胸怀不是与生俱来的，也不是片刻就能获得的。它的出现需要很多条件。例如自身的不断修炼，友情的不断滋润，生活的不断磨炼，人生的不断砥砺，更需要智慧的指引，同样，也需要其他人善良的帮助和关照。

胸怀如大海般广阔的人，一定是事业有成的人。

胸怀可以体现一个人的智慧。所谓智者必定是有"宰相肚里能撑船"的大胸襟。

当曾国藩在京城做官时，有一天，湖南湘乡老家来信，说府上为了盖新宅，与邻居为了一墙之隔的地界发生了争执，甚至闹到要打官司的地步，家里人很不高兴，于是打算求助曾国藩的权势。当曾国藩收到此信后，就想起了康熙年间大学士张英写的两首诗。随后就给弟弟曾国潢写了一封长信，并附上张英的诗："千里修书只为墙，让他三尺有何妨，长城万里今犹在，不见当年秦始皇。"在曾家父子兄弟读过曾国藩的信和此诗后，感到惭愧，胸襟豁然开朗。"让他三尺有何妨"！于是曾家毅然退缩了三尺。看到曾家这样做，邻居很是感动，于是不仅不再与曾家争执，也秉着"让他三尺有何妨"的宽容之心，退缩三尺让曾家扩建新宅用。于是就有了历史上著名的"六尺胡同"。

在企业管理中，领导者亦应该是如此，要有谦让之德、容忍他人过错的雅量、大智若愚的风格。不论遇到什么事情都能先追究自己的过错，然后妥善处理，这样不仅可以展现了自己的高尚品格，更能赢得了下属的尊重，所以说，胸怀宽广的人，必是品位高、品格好的人。

在生活中，我们要追求堂堂正正做人，先人后己做事，同时也要从善如流、有海纳百川的胸襟。只有拥有广阔的胸怀才能做成大事。在做任何事情时，都应该为全局考虑，而不能只斤斤计较于自己的名利，只有把自己的利益与整体利益相结合，才能做事心胸宽广。

胸怀体现了人对待世界万物气量和风度。

胸怀是"掌上千秋史，胸中百万兵"的雄韬伟略，也是"穷则独善其身，达则兼济天下"的抱负；胸怀是"先天下之忧而忧，后天下之乐而乐"的品格，也是"海纳百川有容乃大"的气度；胸怀是"易将胜勇追穷寇，不可沽名学霸王"的气魄，也是"纸上得来终觉浅，绝知此事要躬行"的阅历。另外，胸怀还是宠辱不惊物我两忘的从容与坦然，还是"知之为知之，不知为不知"的坦诚与智慧。

胸怀不是表面和气、背地里下刀子的虚伪，也不是人情练达、世事洞明的圆滑；胸怀不是没有原则的宽容，也不是欺世盗名以显自己能力的手段。胸怀不是斤斤计较蝇营狗苟的算计，更不是争名逐利尔虞我诈的阴谋。

只有拥有可容天地的博大胸怀，在面对失败与挫折时，我们才能鲲鹏展翅迎难而上；在面对虚名与浮利时，我们如浮云过眼一般淡泊处之；在面对误解与诽谤时，我们能如劲松傲立泰然处之；在面对不幸与不平时，我们也会像清风拂林一样一笑而过。

众所周知，海洋占据了地球表面70％的面积，当面对大海时，我们会感觉它如此浩浩荡荡，洋洋洒洒。海洋为什么一望无际、其大无比呢？那是因为它容纳百川、江河、小溪、小沟，无论是清澈还是浑浊，只要可以容纳的东西，它都来者不拒。它有如此为人所震撼的气势，正是因为他善于吸纳，吸纳就是宽容大度的体现。在包罗万象的宇宙中，有很多不为人知的东西，这正造成了它的神秘感，但我们知道它容纳了无数的星河。所以"包容"是它的灵魂，"吸纳"是它的生命。

在生活中，人的大度就体现在对他人的宽容。你只有容得下他人，他人才会容得下你；你只有容得下千舟，千舟才能负重于你。你容得下严寒酷暑，才能笑谈春风和煦；你容得下大漠黄沙，才能脚踩高山峻岭。如果你漠视所有，那你就一无所有；如果你排斥一切，那你只有忍受孤独。

在现实生活中，人与人的相处的过程必然伴随着矛盾的产生，或许别人伤害了我们不是出于本意，在这种情况下，只要不触犯原则，我们要试着以宽容的心去原谅对方。人生活于世的大智慧就是以宽广的胸怀去原谅别人的过错，采取柔中带刚的方法解决问题，这也是聪明人的做法，所以，宽阔的胸怀对于我们真的很重要。

现实生活中，每个人都不可避免地犯错误，都会有这样那样的缺点。所以在与人交往中要就要胸襟宽广，虚怀若谷，严以律己，宽以待人。对于一句逆耳的话、一件不顺眼的事、一个不合意的人，都要学会容忍，在你宽广胸怀的熏陶下，他人可以感受到春天般地温暖，而且会认识到自己的错误，并加以改正，最重要的是对于你自己也是精神的洗礼。

心胸大度的最终受益者是自己。世上最痛苦的是心情不悦，自己折磨自己，而世上最愉悦的是自己解脱自己，自由自在。其实用别人的过错来折磨自己是最不值得的。纵使你斤斤计较于一些小事，甚至是经不住大事的大事期望--死了之，但你要明白，无论如何地球照样旋转，别人还是在悠然自得地生活，黑夜慢慢过去，太阳冉冉升起，人类照样代代相传，社会照样向前发展。所以我们不应该折磨自己，宽容大度，宽

德服天下

司马炎有话对你说

以待人，不断取长补短，修养身心，最终使自己受益终生。

只有心胸宽广才能成大事，所以不为私利争高下，不为眼前的利益论短长，视名利淡如水，逢得意顺境不得意忘形，遇失意逆境不垂头丧气。由于宽广的胸怀不是与生俱来的，所以它需要你不断提高思想觉悟、加强道德修养，它是知识、智慧、人格、品德与情操相结合的产物，并需要不懈地陶冶、磨砺、滋润和追求。

在我们为人处世中，一定要学会培养自己宽广的胸怀，让自己的胸怀成就自己的人生。

圆融处事，外圆内方

一个人要干一番大事业，一定要真正懂得为人处世之道，做人要圆融，能变通；圆融不是虚伪，而是一种处世的态度。外圆内方，才能够让自己在人际交往中，游刃有余、如鱼得水。

司马氏诛杀曹爽之后，掌握了魏国的军政大权，渐有篡逆之意，这自然引起了亲魏派的不满，而接近东吴的淮南地区，士马强盛，边境多务，也就成了反叛的多发地带，在短短几年内，这里便发生了三次大规模的反叛，其中由诸葛诞发起的最后一次尤为激烈。

诸葛诞叛乱引起了司马昭的重视，司马战亲统大军，前往淮南进行评判，在这次战争中，司马昭充分展示了自己的才能，以少胜多，大破诸葛诞，诸葛诞兵败被杀。

从诸葛诞叛乱以后，石苞于公元259年开始，镇守寿春，前后历时十年，士马强盛。说到石苞，需要细说一下石苞的故事。对于司马氏，石苞可以说有着特殊的感情。

石苞（196—272）字仲容，是勃海南皮人，心胸开阔，仪容很美，时机对其记载道："石仲容，姣无双。"

石苞出身低下，在当时的氏族门阀制度下很难有出头之日，但是机缘巧合，得到了司马懿的提携，最终凭借着机遇和自己的实力，官职一步一步得到提升，最终能够坐镇一方。

石苞一开始的时候，只是一个小吏。有一次，郭元信奉命找两个车夫，经过当地县城的管理推荐，两个人入选，一个是邓艾，另一个，就是本节的主人公——石苞。郭元信在带他们进京的路上，边走边聊，在聊天的过程中，郭元信发现两人不同寻常，这两个人才学渊博，观点鲜明，是经世之才。于是郭元信说到："你们两位如此的才华，将来肯定能够做到公卿宰相。"当时的石苞还看不到未来，于是回答道："我们只不过是赶车的下人，怎么能够做公卿宰相呢！"

再后来，石苞到邺城炼铁，石苞的才学得到了当时郡守的赏识，郡守四处推荐石苞，石苞的声名得到了传扬，终于一位吏部侍郎因为石苞的名声而结识了石苞。石苞曾经想通过该侍郎的关系到县城为官，遭到了该侍郎的拒绝。侍郎说："你的才能一点不比我差，怎么能去县城当官呢？我要让你去朝廷中任职。"最终石苞和邓艾都被推荐给了司马懿，另个人凭借着自己的实力一步一步地提升自己的地位，也都很忠诚于司马氏家族。

曹髦做皇帝的时候，赶上石苞回京述职。曹髦想要拉拢石苞，于是让石苞进殿密谈了一天，但是当石苞面圣之后，就立刻对司马昭说，这个皇帝可不简单啊。结果没有过几天，曹髦就被司马昭给杀了。由此可见石苞对于司马氏是忠心耿耿。

在这里还要提到一件事来证实石苞对于司马家族的感情。司马昭死后，石苞不远千里回京奔丧。当时司马炎为了以何种礼节下葬司马昭犹豫不决，对于到底使用皇帝礼仪还是王侯礼仪，司马氏的下属们也是各执一词。石苞听说后，直接走到司马炎面前说道："我们有了这样的家业，不用皇帝的礼仪还用什么礼仪？"

石苞对于司马氏可谓忠心耿耿，但是石苞镇守寿春的时候，虽然威望颇高，但是出现了几件事，使得司马炎对于石苞产生了怀疑。

第一件事是当时的淮南流传着一种说法说是："宫中大马几做驴，大石压之不得舒。"这种说法很明显是针对石苞，说石苞想要压在司马炎头上。

第二件事是当时石苞军中的监军是出身世族大家的子弟，对于像石苞这样身居高位却出身低微的人，很有一些轻蔑，但是实力又不及石苞，这种情况之下，就使用了最龌龊的手段——诬陷，说身居前线的石苞串通吴国，企图谋反。

第三件事紧随其后发生了，当时宫中的预言家做出了预言："东南方向将遭遇大的兵灾。"对于这个预言，我们要说一下当时东南的形势。因为司马昭平定了蜀汉，消耗了自身是实力，于是对于雄踞江南的东吴政权采取的和平的政策，两国一直休兵停战。这时候预言南方战事，除非是内乱。

第四件事就是在缔结友好条约之时，东吴政权修好的使者还在晋

朝，正赶上司马昭病逝，他们回国之后，对主上孙皓进言："司马炎刚刚即位，中原防备空虚，尤其是弋阳（河南省潢川县），可以轻易袭取。"孙皓和群臣商议之后，虽然没有发兵，但是还是和刚刚建立的晋朝断绝了邦交。到了泰始四年中原发生了水灾。孙皓想要趁火打劫，积极备战。石苞身在前线，看到时局的变化之后，马上做出了积极的应对措施，调兵遣将，整修城池，加强防备。石苞积极备战，司马炎却看不到前线的形势，结合前面三件事，还以为石苞要谋反。于是司马炎专门请教了当时朝中的名将羊祜。羊祜说："根据以往的经验，吴国要入侵，每次都是东西一起出动，没有理由只在西部的荆州出兵，也许石苞也探听到了什么消息，做对敌准备工作，怎么能从石苞这一点上就认定他要叛乱呢？"

司马炎于是稍稍安心了，但是他还是想要更加彻底地将这件事情搞清楚，于是就下令召见石苞的儿子石乔上殿问话。当时石苞镇守前线，石乔在京任尚书郎。司马炎喘息领取，却左等不见人，右等也不见人。其实事实上，因为司马炎平日里对下属并不是十分严厉，所以很有可能石乔并没有太过在意而拖延了。另一种可能就是像石苞的监军一样，宫中那些讨厌石家这种出身的人没有通报给石乔。

但是这些事情综合起来，一下子刺激了司马炎，这也不能怪司马炎，现实情况，无论谁站在司马炎的位置，也会这么认为，那就是石苞要叛乱。

司马炎马上做出了部署，命令自己的堂叔叔义阳王司马望率领大军前去淮南征讨石苞，并派遣另外一个堂叔琅邪王司马仙从山东回师寿春，并下密诏说："石苞没有能力判断敌情，竟擅自兴筑城垒，阻遏河水，骚扰人民，予以免职。"

这时候的石苞，已经完全笼罩在了第二个诸葛诞的阴影中。

对司马氏忠心耿耿的石苞，完全没有注意到身后的情况。这时候，一个不是很出名的人物——孙铄，却站在了时代的风口浪尖。

孙铄是司马氏老家河内人，他身份低微，但深受河内太守吴奋赏识，吴奋任命孙铄为主薄。当时河内大姓云集，有一次，这些大姓聚集在一起到太守家里吃饭，这些大姓们都不愿意搭理孙铄，看到这种状况，吴奋大怒，随即把孙铄介绍给石苞做将军的掾属。在接受任命之后，孙铄赶快赶往淮南投奔石苞。在他路过许昌时，碰到了当时镇守许昌的汝南王司马骏，他是司马炎的堂叔父，并且与孙铄是老相识。司马骏问孙铄去哪里，孙铄如实回答，此时司马骏得知皇帝已经派遣部队日夜兼行偷袭石苞，看在与孙铄老相识的份上，对孙铄说明了情况，并劝阻道："那是个是非之地，千万别去，省得自找麻烦！"在得知这一密报后，孙铄辞别司马骏，快马加鞭，迅速赶到寿春，拜见从未谋面的石苞，并把情况详细告诉石苞。听到孙铄这样说，石苞大惊失色，不知所措。孙铄告诉他，如果您想保全家性命，就把军权交出来，现在就走出寿春城，到驿站迎接大军，只有如此，才能消除皇帝的怀疑。

石苞听到建议之后，觉得也只有如此了，于是安顿好军队，自己只身一人到驿站，等待着司马炎的大军到来。交出军权之后，石苞赶回朝中面见司马炎，将前线的问题一一进行解释，司马炎这才换了怒容，变了笑脸，悬着的一颗心也慢慢放到肚子里。

但是出了这种事，司马炎也很难为情，毕竟自己猜忌下属，还大军压境，暗地里也找借口解除了石苞的军权。这时候如何化解，成了关键

问题，做不好就会伤了石苞的心。司马炎很聪明，他就为自己开脱道："你的儿子石乔差一点使你整个家门蒙受不幸。"一句话轻轻带过，同时化解了君臣之间的隔阂。石苞也明白这件事错在自己沟通不畅，而且自己的儿子也却是不成器，于是废掉了石乔，让另一个儿子接替了自己的爵位。

对于司马炎，淮南事件和平解决是最好不过的，这稳定了内部环境，避免了内耗。在此次事件中，司马炎能够做到外圆内方，以一种积极的态度，对事情加以解决，体现了一种领导的智慧和做人的哲学。

在现实生活中，我们也要学会随环境的变化不断调整自己，这是一种圆融的处世姿态。社会如此复杂，势必要求我们有变脸的功夫，否则无法与不同的人相处。

成大事者，一般都曾拥有"变脸"的功夫。

比如有人在他办公室的会客室等他，这个人隐约能听到领导者打电话时怒声与别人争吵，此时等待者就会心想，来得真不是时候！

过了一会儿，领导者出来了，带着满脸笑容，刚刚和人争吵的痕迹全然消失。与这位来访者谈了不到半盏茶的时间，当员工进来问他事情，他立刻就会正襟危坐，摆上一张严肃的面孔，连说话的声调都充满了威严。

我们不禁会这样考虑，在办公室里，他以笑脸接待客人，但当客人离开后，他会换上哪一张脸？而他用来接待客人的笑脸是真心的笑吗，还是皮笑肉不笑？

其实无论怎样，拥有变脸功夫还是非常必要的。试想，如果领导者用刚刚和人吵架的怒脸来接待客人，必然无法正常沟通，甚至引起谈话的不愉快。如果领导者总是微笑挂脸，必然在员工面前失去威信。

《资治通鉴》中有这样一个故事：

一次，魏王攻陷了一座城池，宴请群臣。宴席之上，魏王问文武百官："你们说我是明君，还是昏君呢？"百官大多趋炎附势、拍魏王的马屁，于是纷纷说道："大王当然是一代明君。"正当魏王感觉飘飘然时，问任座如何看待这个问题，正直的任座却说："我认为大王是昏君。"这句话简直是泼了魏王一盆冷水，魏王问："你为什么这样认为？"任座说："大王您占领了城池，没有按礼仪顺序分给您的弟弟，而是分给了您的儿子，可见您是昏君。"魏王恼羞成怒，命令手下把任座赶出去，听候发落。接着魏王问下一个臣子，他说："在我看来，大王是明君。"魏王暗中窃喜，忙问："从什么地方可以看出来？"这位大臣说："我听说大王手下多直言不讳的忠臣，在您的手下有像任座这样的直臣，可见大王真是明君！"魏王听后，觉得他说的很有道理，所以急忙派人把任座重新请了进来。

故事中多数大臣都是曲意逢迎，趋炎附势，毫无主见，他们的气场缺乏大气；而任座却又过于坦率、正直，所以险些获罪，他的气场过于外显而无修饰；而最后一位大臣，柔中带刚，不但使魏王喜悦，而且还救了人，这才是真正的高手。

人与人的交往就是气场之间的相互作用，如何让别人的气场顺服你的气场？这是一门高深的学问。古语道："处治世宜方，处乱世宜圆，处叔季之世当方圆并用；待善人宜宽，待恶人宜严，待庸众之人当宽严互存。"具有大智慧的人，都能够方圆并用，于"圆中预，方中立"，制人而不受制于人。

清朝光绪年间，孙中山刚刚从日本留学归国。有一次，在路过武昌总督府时，他想见一见当时的两广总督张之洞，于是便让守门人传一张便条进去。张之洞打开这张便条，只见上面写着："学者孙中山求见张之洞兄。"张之洞没听说过这个人，好奇其有如此大的口气，于是问道："他是什么人？"守门人说："一个书生。"张之洞非常不高兴，提笔在条子上写道："持三字帖，见一品官，白衣尚敢称兄弟？"守门人出来，将条子递给孙中山，孙中山看过之后，从容地在条子上写道："行千里路，读万卷书，布衣也可傲王侯。"守门人又将条子传了进去，张之洞看过之后，连忙说："请！"

孙中山毛遂自荐，主动到总督府推荐自己，这是他用主动迂回的策略来谋划此事，可谓"圆中预"；在与张之洞"交锋"的过程中，他充满浩然正气，不畏权贵，一介布衣笑傲王侯，这种强大的气场魅力征服了张之洞，孙中山达成所愿，实现了"方中立"。另一方面，我们也可看出张之洞非一般人等，他气度宽广，具有识才爱才之心，气场圆润通达。

"方"乃做人之根本，指每个人的气场要有自己的特性；而"圆"乃立世之道，要求我们调整自己的气场，与他人气场实现最佳互动。"取象于钱，外圆内方"，这就是中国辩证哲学的集中体现，做事要方，做人要圆，方圆之间才能洞见气场的驾驭之道。凡事都在圆中预，方中立，这是古人谋事的原则，也是今人灵活处世的不二法则。

节俭是一种美德

节俭是做人的一种美德，不懂得节俭的人，也不能够真正懂得如何走向成功，因为任何成功的事业都源自于点滴的积累。不懂节俭，过分飞骄奢，只会带来败亡的后果，正所谓欲路勿染，俭以养德只有真正懂得节俭修身的人，才能够走向成功。

晋武帝登上皇位之后，开始着手对于国家的治理。司马炎登上皇位可以说并没有费多大的力气，毕竟在他之前已经经过了司马氏两代三人的努力，曹氏已经被极度削弱，司马氏已经掌握了实质性的权力。但是，司马炎面对的社会经济形势却并不乐观。在外部环境中，蜀汉虽平，人心未附；东吴雄踞江南，实力不容小觑；北方少数民族虎视眈眈，侵扰不断。在集团内部，曹氏被取而代之的阴影还笼罩在部分人心中，人心不稳。经过几十年的战乱，社会经济遭受巨创，民生凋敝。土地集中在大地主士族手中，百姓身无寸土，生活水平极低。在数十年的战乱中，中原破坏的最严重，人口减少，劳力不足。

司马炎即位之后，面对着千疮百孔的社会经济，选择了一种无为的治国之术，并采取措施，调整土地的所有权，使得人民有地可耕，以便逐渐恢复社会生产。与此同时，晋武帝还能够约法省禁，"大弘俭约"。

晋武帝推崇节俭，史称："承魏氏奢侈刻弊之后，百姓思古之遗风"，提倡恭俭，他的廉洁也得到包括唐太宗等古代政治家的赞许。陆云在给吴王的上书中，也提到晋武帝即位二十六年，没有再修建宫殿，多次下诏严格禁止奢靡。

晋武帝司马炎生母文明皇太后就以节俭著称于世。

文明皇后出生于书香门第，其祖父是三国时著名的经济学家王朗，其父是曹魏重臣王肃。文明皇后知书达理，崇尚节俭。十五岁的时候嫁给司马昭。文明皇后先后生育了司马昭等六个子女，其中包括齐王司马攸。文明皇后在司马炎建国之后，身为皇太后，以身作则，身体力行，躬行节俭，为后宫及天下百姓做出了榜样。文明皇后的宫中，没有一件豪华的装饰，吃饭也总是戒奢从简，甚至从来不超过三个菜品，穿的衣服总是洗了又洗，从不随意丢弃。最可敬的是，文明皇后在宫中带头纺纱织布，以示自给自足之风。文明皇太后死后，晋武帝亲自为他的母亲写哀策，颂扬其母之德行，以教育群臣。

一方面在母亲的影响之下，另一方面从客观的社会现实出发，司马炎在从政初期很注重节俭。在继位之初，司马炎面对曹魏政权积攒多年的财富，司马炎将府库所藏珠玉玩好之物，尽数的封赏给拥立有功的大臣。一个皇帝能够节俭如此，也实属不易。

司马炎在位期间，甚至没有修建司马氏七庙。所谓七庙，本指四亲（父、祖、曾祖、高祖）庙、二祧（高祖的父和祖父）庙和始祖庙。《礼记·王制》："天子七庙，三昭三穆，与太祖之庙而七。"唐杨炯《盂兰盆赋》："上可以荐元符七庙，下可以纳群动于三车者也。"七庙的由来，是历代帝王所作所为逐渐形成的。约到汉朝定"型"，即帝王设七庙供奉祖先，太祖庙位居正中，其左右各为三昭三穆。司马炎即

位之后，想要修建司马氏的七庙，但是因为当时民生凋敝，便决定不再新修祖庙，而是改为用曹魏留下来的祖庙。将曹魏政权的神主迁出到其他的地方，将原来的七庙改为司马氏的七庙。祖庙尚且能够俭省，可见司马炎从政之初的节俭还是很值得称道的。

司马炎在位期间，还有两件小事能够体现出司马炎在为初期的节俭之风。

咸宁三年（公元277年）三月的一天，丽日高照，春光明媚。晋武帝前些天刚接到捷报，捷报上说平房护军文淑讨伐屡犯疆境的寇虏树机能等获胜而归，因此心中非常高兴，不由地有了射猎的雅兴，随即带了几个侍从纵马来到郊外。这时的田野，百花如锦，碧草如茵，庄稼的长势更是喜人。突然，一只野鸡从灌木丛中腾空飞起，长长的尾毛顺势飘动着，煞是好看。晋武帝立即援弓搭箭，策马追去，要射野鸡。可是当他看到野鸡飞越了庄稼地，再追射会踏坏麦苗，就勒住了奔马，眼见着那羽毛艳美、体态丰肥的野鸡消失在视野中。

翌天冬天，太医司马程据大概得知了晋武帝射雉未得的事，早已暗地请工匠织就了一件雉头裘，准备献给晋武帝。程据本以为这件雉头裘定能使晋武帝喜欢，因为晋武帝援弓不射在他看来是喜爱以至怜惜那只羽毛美艳的野鸡。在此之前，他还从未听说晋武帝有过射猎的事情；晋武帝首次射猎就去射野鸡，最后又惜而不射就证明了这点。

程据兴冲冲打开锦缎的外罩，把金光闪耀的雉头裘展示给晋武帝看，没想到晋武帝先是眼睛一亮后随即就移开了目光，脸色也慢慢地沉了下来。程据情知事不对路，心里阵阵发怵，捧雉头裘的双手不觉得如筛糠状。晋武帝当场斥之这种裘不仅过于奢侈，而且属于"奇装

第五章 司马炎对你说为人处世

异服"之类，是典礼所禁止的东西，遂下令焚之于殿前。程据忙五体投地谢罪。

晋武帝倒没有降罪于程据，只是发了一道敕令，言今后内外敢有再犯者，一律治罪。自此朝廷内外再也没有敢为此类事的人了。

能体现出司马炎节俭之风另一件小事发生在西晋初年。魏晋风气中，有一点有趣之处，就是不爱骑马爱骑牛。骑牛之风起源于汉代，东汉初年，由于战争破坏，经济凋敝，马匹奇缺，只能以牛充数；到后来经济发展之后，骑牛渐渐被马代替。但是到魏晋之时，人民风气孱弱，牛车行进稳健，反倒广受人们欢迎。当时司马炎的宫中也是牛车代步。

在司马炎即位之初，宫中牛车全部承继于曹魏，牛车装饰华丽，就连拉缰绳都是用上好的青色丝绸编制而成。牛缰绳经过一段时间之后，就会损坏，一般都是有司定期予以更换。有一次，司马炎恰巧碰到缰绳坏了，在了解到使用上好的丝绸编制的缰绳之后，司马炎觉得这样太过奢侈，于是下诏有司，在以后的使用中，禁止以丝绸做缰绳，而是换做青色的麻绳来代替丝绸。司马炎能够关注细节的问题，可见其节俭之风。

史称晋武帝司马炎在泰始、咸宁年间是"厉以恭俭，敦以寡欲"。当他执政之初，曾经厉行节俭，削减各地进贡，禁止乐舞百戏和游猎器具。这记载虽有夸张、回护之意，但也不能矢口否认，不能像史学界认为的那样，晋武帝司马炎从其即位伊始就是一个荒淫腐朽之君。

司马炎后期虽然荒淫无道，但是其在为之初的一段时间的节俭之风还是很给以我们启示的。

晚唐诗人李商隐曾有两句咏史诗道："历览前贤国与家，成由勤俭败由奢。"没有李商隐一贯的华丽和艰涩，却说出了朝代更替、民族兴衰和个人成败的真谛。

勤俭节约，艰苦创业，是我们中华民族的传统美德，也是民族、国家、集体甚至是家庭兴旺发达的必由之路。其实，道理很简单：勤俭节约不是权宜之计，而是为人处世所必须具备的素养。勤俭与廉洁相连，奢侈与腐败相通。一般来说，在生活上养成勤俭的习惯的人往往在工作上也能勤勤恳恳、廉洁奉公。相反，如果在生活上铺张浪费，在工作上必然容易出问题。古人云："俭则约，约则百善俱兴；侈则肆，肆则百恶俱纵。"事实证明，以俭治国则国兴，以俭治家则家富，以俭治身则身无忧；反之，以奢治国则国亡，以奢治家则家败，以奢治身则身危。纵观古今中外，无不如此。

要多一点幽默感

正如当代著名学者、哲学家周国平先生所说："一个在最悲惨的厄运和苦难中仍不失幽默感的人的确是更有神性的，他借此而站到了自己的命运之上，并以此方式与命运达成了和解。"一个成功的人士，身上总有一些智慧的闪光，在关键时刻，总是能够运用幽默，来化解尴尬，成就自己的事业。

在晋武帝司马炎统治期间，其政绩前后的差距很大。在其治国之初，能够勤俭理政，虽然不能说励精图治，为了国家的复兴也算兢兢业业。但是在其统治后期，司马炎开始变得骄奢淫逸，开一代风气。不过，司马炎身上有着一点重要的气质却一直保存了下来，那就是幽默。

说到司马炎的幽默，就要说一下孙秀。孙秀是孙权小儿子孙匡的儿子，吴国国主孙皓的堂兄弟，在孙皓当政期间，孙秀在夏口总领军务。孙皓无道，其当政期间，社会流传一句谶言：荆州有王气，当破扬州兵。孙皓很迷信，对于这种说法心怀芥蒂，于是想出了一招。当时吴国靠近荆州的地方有一小股农民起义，起义很快被镇压，抓获了为首的两位头目。孙皓竟然让自己的部下，穿上魏军的服装，自荆州出发，一路招摇过市，到扬州的监狱中杀死了这两位义军头领。孙皓自以为这样就应了那句谶言，才放心地迁都建业。

但是孙皓是个疑心很重的人，对于当时在夏口前线掌握着实质性的军权的孙秀，孙皓也怀着猜忌之心，加上破兵的闹剧并不能让孙皓完全心安，因此，对于孙秀，孙皓一直心怀芥蒂，孙秀本人也知道这些事。

公元270年，孙皓派遣何定带领五千人马和自己平日里为了打猎蓄养的名犬，扬言到夏口捕猎，大军浩浩荡荡直奔夏口。围猎大军没有吓到山泽中的野兽，倒是吓坏了驻守夏口的孙秀。孙秀生怕孙皓以打猎为名，偷袭自己——要知道孙家可是兵家之祖啊——吓得趁夜带着老婆孩子，领着几百亲兵渡过长江，投降了晋国。

司马炎听到消息之后大喜，给孙秀以优厚的待遇。拜孙秀为骠骑将军，开府礼仪和三司一样，封为会稽公。可以说，司马炎为了招来更多的吴人，对孙秀的待遇是相当高的，甚至还把自己的姨妹蒯氏嫁给了他。

对于孙秀在晋国的生活，《世说新语·惑溺》记载一件有趣的事：

德服天下

司马炎有话对你说

孙秀在江东时就早有妻室，归顺晋国之后虽然取了司马炎的姨妹，但是因为好色之心难免做一些拈花惹草之事，有时候会对司马炎的姨妹有些疏远。司马炎的姨妹也是个火爆脾气，有一次一时没忍住，在和孙秀的争吵中，破口大骂孙秀为"貉子"（这种称呼在当时，是北方人对南方人最具侮辱性的称呼）。孙秀一时大怒，但由于司马炎的特殊关系，也不能做什么太过分的事，只自此不再进内室。仅此一条，也够蒯夫人着急的。蒯夫人急归急，也没办法，最终只好找司马炎出面调停。司马炎见这种事，也不好硬性压制。当时正好赶上大赦，在群臣朝见之后，司马炎将孙秀单独留下，并没有直接说这事，只是平静地说道："如今天下大赦，皇恩浩荡，蒯夫人能否也依照这个通例被赦免呢？"孙秀干劲跪下表示同意，从此后夫妻二人和好如初。一件小事体现了司马炎的幽默。

一开始，司马炎并不受他父亲司马昭的器重，于是就开始为了自己的王储职位进行积极地活动，其中一个小故事，就是司马炎对于父亲倚重的大臣裴秀进行的活动。一次，在和裴秀的交谈中，司马炎将自己比别人略微长一点的头发和胳膊展示给裴秀看，一边说："人不是应该有奇异的相貌吗？"貌似开玩笑的一句话，却体现着司马炎对于王储之位的看中，也让裴秀自此倾心，一直为了司马炎能够获得王储的之位而在司马昭面前积极进言。

司马炎统治后期，变得荒淫无道，后宫中广蓄宫女，供自己淫乐。但是司马炎也并不专宠一人，也不想让谁来左右自己的任何决定，于是司马炎想出了一个令人意想不到的方式的方式：司马炎准备了两只公羊，拉着自己的玉辇，羊车停在哪个宫人的门口，司马炎就留宿在哪个

宫人的宫中。羊车的做法，可以说是司马炎别出心裁，也体现着司马炎的一种幽默。

司马炎的幽默，还体现在他的宽容进谏之上。太康三年，司马炎在南郊行祭祀礼后，兴致不错，便问身边陪同的司隶校尉刘毅："朕与汉朝诸帝相比，可与谁齐名啊？"刘毅不假思索，回道："汉灵帝、汉桓帝。"司马炎吃惊大过生气，问："怎么把朕与这两个昏君相比？"刘毅说："桓、灵二帝卖官钱入官库，陛下卖官钱皆入私门，以此言之，还不如桓、灵二帝。"一时气氛尴尬，重臣都为刘毅捏一把汗，谁知司马炎大笑，"桓、灵之世，不闻此言，今朕有直臣，固为胜之。"故事不仅体现了司马炎能够宽容臣子，也体现出司马炎能够化解尴尬的幽默的气度。

幽默到底是什么？我国现代"幽默大师"林语堂博士曾对此作过深入研究。他认为幽默是一种人生，健全的嬉笑，会心的微笑，是一种美学的思维方式。他说．"当一个民族在发展的过程中生产丰富之智慧足以表露其理想时刻，则开放其幽默之鲜葩"，因为幽默"是智慧之刀的一幌"，而且具有"化学作用"，可使许多复杂的问题变得简单化。这确是将"幽默美"的潜移默化力量揭示得一清二楚了。

波德曾经说过："一个具有幽默感的人，能时时发掘事情有趣的一面，并欣赏主活中轻松的一面，建立出自己独特的风格和幽默的生活态度。这样的人，容易令人想去接近；这样的人，使接近他的人也分享到轻松愉快的气氛；这样的人，更能增添人生的光彩。"

幽默是人类才华，力量、更是人类面对共同的生活困境而创造出来的一种文明的体现。幽默是谈话者以愉快的方式向他人表达真诚、大方和善良的心灵。幽默如一座桥梁拉近人与人之间的距离，填补人与人之间的鸿沟，是奋发向上者和友善者不可或缺的一种能力，也是每一个通过娱乐减轻自己生活重担的人所必需依靠的"拐杖"。虽然每个人天生都是自然人，但自进入社会后，必然要扮演社会人的角色，但这并不能取决于你自身的意愿，这是同化社会或被社会同化的结果。固然，凭借幽默，你不会长高或减肥，也不会替你付清帐单，更不会帮你干活，但它能够帮助你建立良好的人际关系，协调同龄或忘年之间的关系。如果你想成为一个赢得他人喜欢和信任的人，千万别忽视幽默的神奇力量。因为，幽默是你进行社交，与让人沟通的桥梁。

幽默在一定程度上也是学者风度的表现。现代文学大师钱钟书先生的《围城》再版以后，又拍成了电视剧，这在国内外引起很大的轰动。但是钱钟书先生不愿被人宣传，所以谢绝了不少记者。有一天，一位英国女记者，终于打通他家的电话，恳请钱老能允许自己登门拜见他，在钱老一再婉言谢绝却没效果后，就对那位英国女士说："你看了《围城》后，可能感觉就像吃了一个鸡蛋那样，觉得很好，但是，你又何必去认识那只下蛋的母鸡呢？"钱老真是幽默，这位洋女士终于被他说服了。

德国大诗人海涅是犹太人，常常遭受无端攻击。在一次晚会上，一个旅行家对他说："我发现了一个小岛，但上面竟然没有犹太人和驴子！"海涅听后，不动声色地说："看来，只有你我一起去那个岛上，才会弥补这个缺陷！"真是冷幽默。《红楼梦》里薛蟠假冒贾政之名骗宝玉出府之后，赔罪时说，改日你也哄我一回，说你是我爹就得了。这里，鲜明地暴露了薛蟠的低级趣味。可见缺少知识积累，也是难以达成

幽默之效的。所以幽默无论如何是一个文化素养问题。

幽默是自信、乐观的表现。它需要从容不迫的生活态度，也需要不是原则的批评和宽容，更需要理性的头脑。正如"男子懂得人生哲学，女子却懂得人生。"（林语堂语）一样，有人说幽默属于男人，依据是幽默体现的是人对生活的哲学式态度，为了达到好的效果，它必须生活保持一个距离，以局外人的眼光来发现和揶揄生活中的缺陷。但女人往往与生活打成一片的，难以拉开幽默与生活之间的距离，所以幽默不属于女人。幽默是一种气度，更是一种力量，它体现在自嘲、讽刺、机智等方面。幽默者之所以会感到优越，是因为他看到了一种任何人都不能幸免的人性弱点，但是还能展现给世人宽容的微笑。

幽默是轻松、诙谐的表现。它既然来自达观，那么就不是严肃、凝重的抒情方式，而是具有和谐、内敛、灵活的特点。

幽默所表现出来的轻松并不是表面感官的痛快，而是深邃、蕴藉的理性结果。人只有具又丰富的联想和想象的能力，才能感受从中悟出人生真谛的轻松，这是最有意义和最有价值的。

幽默是人的精神气质的体现。具有幽默感的人往往具有亲和力，人们都愿意与他为友，并且从中收获快乐、得到启示。而那种毫无幽默感的人，常常视别人隐蔽的讽刺为夸奖，又把善意的玩笑当作辱骂。在我们生活的周围不乏这样的人，但愿我们不是缺乏幽默感的人。

在生活中，我们要善于运用幽默的气质，为自己的人际关系增添光彩，为自己的成功增加砝码。

知礼守礼

礼仪是小到人、大到国家和民族文化修养和道德修养的外在表现形式，更是做人的基本要求。中华民族自古以来就非常重视礼仪，号称"礼仪之邦"。孔夫子曾说过："不学礼，无以立。"意思就是如果一个人想有所作为，必须从学礼开始。在与他人相处时，礼仪是我们赢得他人好感的敲门砖，只有遵守礼仪，我们才能更加轻松地走向成功。晋武帝司马炎就是恪守礼仪的一位皇帝。

在司马昭去世时，由于当时司马炎还有夺权的重任，而且司马昭也不是名正言顺的皇帝，所以，在司马昭去世3天后，全国的臣民就不再戴孝了，而司马炎等到司马昭下葬以后，也把丧服去掉了，因为篡夺魏国大权，已提到司马炎的议事日程，大家可以想象一下司马炎穿着丧服怎如何举行登基大典？虽然如此，但司马炎仍感觉愧对司马昭，所以继续戴着白色的小帽子，整天吃素食。等司马昭去世一周年的时候，司马炎依礼得去给父亲扫墓，当时司马炎对大臣说："我还是要穿上丧服去祭扫，你们可以不穿。"此时的大臣们刚刚升了官，生活过得很滋润，所以谁也不想被死去的司马昭打扰。

于是，裴秀上书说："皇帝，过去您都已经把丧服脱了，现在又穿上，这恐怕没有先例吧？况且，如果您穿着丧服，却因为关爱我们而不让我们穿，您是君，我们是臣，君就是父，臣就是子，父亲穿丧服，儿子们不穿，我们做儿子的能心安吗？"于是，他把皮球又踢给了司马炎。

司马孚、王祥等重臣也纷纷上书，劝司马炎要敢于改革，不能凡事都效法上古；况且现在天下还不太平，有很多事情需要皇帝您操心；皇帝您应注意身体健康，节哀顺变。

其实司马炎未必真想再穿上丧服，虽然母亲健在，但是当时父亲在世时，他们都偏心眼，这个司马炎早已记在心里。既然大臣们如此劝阻，那正好顺水推舟，自己给自己个台阶下。在经过了好几个回合的说服与反说服后，最后，司马炎一百八十度大转弯，说："世间最害怕的，还是内心的感情对父母不深，这与穿不穿丧服有什么关系呢？大家伙都如此规劝我了，我怎么能忍心不听呢？

司马炎一来说得冠冕堂皇，二来把责任推给了大臣们——谁让你们劝我呢？

但是，并不是所有的大臣都和裴秀的意见相同，中军将军羊祜就对傅玄表示了不同的看法："根据周礼，即使是贵为天子也要为父母服丧三年，而汉文帝废除了这个制度，本来就不对；如今我们的皇帝很孝顺，虽然不穿丧服了，但在日常饮食等方面和过去服丧所做的是一样的，为什么不趁此机会恢复古代的礼仪呢？"其实，傅玄不想恢复，就说："从汉文帝开始服丧是以日代替月，已经经过几百年了，想要恢复古代礼仪实在是太困难了。"羊祜接着说："如果感到困难，那让皇帝以身作则，穿三年丧服不是也行吗？"傅玄回答："如果皇帝穿，臣子不穿，那就是说没有君臣了。"说得羊祜哑口无言。

其实，司马炎也听到了朝臣们的很多不同声音。过了几天，有人继

德服天下

司马炎有话对你说

续劝谏司马炎，请求司马炎恢复吃肉，穿色彩艳丽的衣服，彻底恢复正常生活，司马炎说："我们家是儒学世家，历代都尊崇礼仪，我不能转眼就把这些忘得一干二净！我接纳你们的建议已经够多了，你们回去还是先学学孔子所说的礼仪再回答我，这件事情到此为止。"

于是，司马炎继续头戴白色孝帽，不吃鱼肉，只吃蔬菜，整整三年。

《论语》上记载：宰我问孔子说："守三年之丧，时间太久。正人君子三年不行礼，礼必消灭。三年不听乐，乐也必消灭。旧的米谷既死，新的米谷已生，尽心情就可以了。"孔子回答说："吃米穿绸，你是不是心安？"宰我说："心安。"孔子说："你心里如果心安，你就去做。"宰我告辞后，孔子说："宰我是何等的不仁不义，儿子生下三年，然后才能离开爹娘怀抱。守三年之丧，是天下人共同遵守的原则。"

由于司马炎的坚持，所以，此后晋朝皇帝的守孝就形成了一个规矩：不必正规守丧三年，但要头戴白色孝帽，不吃鱼肉，只吃蔬菜持续三年。

可以说在孝道上，司马炎通过戴白色孝帽，不吃鱼肉，只吃蔬菜守孝三年，是真正做到了守礼。正因为他如此遵守礼仪，所以赢得了人们的尊重。司马炎自己守礼不仅是孝敬父母的表现，更使他借机树立了良好的形象，为后来走向成功奠定了基础。

法国作家大仲马说过："有些人学了一生，而且也学会了一切，但却没有学会怎样才有礼貌。"

"礼"究竟为何意？其实它是一种道德规范，也就是尊重。"礼者敬人也。"在人际交往中，我们应当做一个有礼貌的人，既要尊重别人，更要尊重自己。口头上的尊敬是没有用的，它需要借助一定的媒介

或形式来表达自己对他人的尊重。如在与他人交流时，各方面的形态都会不时传达出你对他人是否尊重，而待人接物也是如此。所以，在人际交往中我们不仅要有礼，而且要有仪。而"仪"就是恰到好处地向别人表示尊重的形式。

"礼"是人们交往的一种行为规范。有人认为，在狩猎之时，猎人们就很守礼，所以在打猎时，猎人之间必须保持适当的距离。随着历史的演进，以及社会经济、政治和文化的发展，人际交往日趋频繁，社会生活更加复杂，呈现多元化趋势，所以"礼仪之道"也不断丰富和发展起来。

在历史上，中国曾被称为"衣冠上国"、"礼仪之邦"，了解历史的人都会知道我们祖先在三千年前所达到的高度文明：

父母给长到二十岁的男孩子举行冠礼，给十五岁的女孩子举行笄礼，取表字，意思是告诉孩子已经长大成人，开始担当成人的职责；用六道仪节完成婚礼；士人之间有专门的士相见礼，以此表达友情的高洁而不是功利；为表达尊贤敬老，举行乡饮酒礼；置聘礼以教诸侯相接敬让；各国交往时，列国使节吟诵《诗经》以表达各自对对方国家的礼节，这在《左传》也有记载；我们的祖先在歌舞之中进行射箭比赛，即乡射礼和大射礼，孔子说："君子无所争，必也射乎？"指的就是从射礼的竞技表象中挖掘礼让虔敬之义。

《礼记·曲礼》中记载了大量古代礼仪，以饮食的仪容为例，食礼告诫人们吃饭时不要把饭窝成一团搁在碗里，喝汤的时候不能让汤流出来，咀嚼的时候不要发出声音，不要把咬过的鱼肉放回食盘，不要当众剔牙等等。类似的礼仪内容也曾经出现在中世纪晚期的一些礼貌教本之类的书籍中，但想到伟大的莎士比亚和达·芬奇每天吃的是手抓饭，就可以了解西方文明的后起，16世纪的法国的思想巨人蒙田曾经自我批评说："有时候，一旦忙起来，我会把自己的手指咬住。"作为餐具的叉子直到18世纪以后才在欧洲流行起来。在古希腊，关于礼仪的论述频频见于苏格拉底、柏拉图、亚里士多德等先哲的经典著述中。此后，礼仪发展到中世纪已经达到鼎盛。而文艺复兴促使欧美礼仪得到新的发展，无论是上层社会对遵循礼节的繁琐要求，还是20世纪中期对优美举止的赞赏，或是直到适应社会平等关系的比较简单的礼仪规则，都显现出一条清晰的发展脉络。

由此可见，礼仪的产生与人们在社会活动中，为了维护稳定的秩序和保持和谐的交际有很大的关系。直到今天，礼仪仍然具有这种独特的功能。所以，作为人类文化的重要组成部分，礼仪的确是反映人类社会进步和文明繁荣的形式。另外，礼仪的形成还规范了人们的行为，并形成约定俗成的程序来规范人们。目前，随着经济的迅速发展，通讯事业日益发达，而人际交往也日趋频繁，所以，遵守礼仪规范、讲礼貌，已成为现代文明社会生活的一项重要标志。在现代生活中，无论是地位何等高贵、财产何等丰厚，即使是豪门巨富、达官贵人在与他人交往时必须要注意礼节，有时也不能不说"请"、"谢谢"、"对不起"之类的客套话，来显示自己的素养。同时，国际上也会制定各国共同遵守的礼仪惯例等。有的国家和民族甚至还针对不遵守礼仪规范者，制定了与之匹配的处罚规则。更有的企业把"礼仪"作为工作的必修课，所有被录用的人员必须经过严格的礼仪培训后才能上岗工作。

礼仪体现着一个人的素养，也体现着一个国家和一个民族的文明程

第五章 司马炎对你说为人处世

度，遵守礼仪规范不仅是社会风尚重要标志，更是一个人的思想觉悟，文化修养，精神风貌的基本体现。我国著名思想家颜元曾说："国尚礼则国昌，家尚礼则家大，身尚礼则身修，心尚礼则心泰。"在社会生活中，遵守礼仪规范可以帮助人们提高道德素质、塑造高尚人格。礼仪之所以会有如此大的作用是因为，礼仪不仅要求一个人要有与人为善的道德观念，还要求一个人要有优雅得体的言行举止。所以，一个受过良好礼仪教育或注重礼仪修养的人，定会是高尚的人。

礼仪是体现了人们在社会交往中的行为规范。它不仅包含个人的仪容仪表、待人接物方式等各方面，而且它始终存在于日常生活的点滴之中，就连穿衣、打招呼、递名片、入座、握手等斯空见惯的行为也有着各自的礼仪规范。在日常生活中，不经意间我们就会做出与礼仪规范相违背的事情，但看似稀松平常的事却体现出了我们的涵养。

俗话说"礼多人不怪"，任何人都喜欢懂礼貌的人。懂礼节，讲礼貌，不仅不会被别人厌烦，相反会使你得到别人的尊敬，别人会认可你、亲近你，也会拉近与你之间的距离。否则，如果你不注重这些细微之处，犯了"规矩"就可能引起人的反感，甚至会造成关系恶化，导致事情向坏的方向发展。所以，在不违背原则的前提下一定要注重礼节，并且尽可能地遵守礼节，只有这样，才能确保事物的正常、良性发展。

第六章

司马炎对你说 谋略

自古英雄多谋略，但是细究谋略，究竟为何？谋者，针对问题，积极思考和谋划；略者，将自己的思考化作相应的战略方针。因此，谋略是通过对眼前和长远的问题思考而制定的解决对策和方案。谋略源于军事斗争，但绝不局限于军事斗争。人生发展需要谋略，商业竞争需要谋略，官场沉浮需要谋略……谋略，贯穿于我们的生命始终，只有善于运用谋略，才能够让自己的人生充满智慧。

假痴不颠，暗渡陈仓

所谓假痴不癫就是表面痴呆、暗地里却充满智慧，它能迷惑对方、是一种缓兵之计。假痴不癫一般是被用于政治谋略，在形势不利情况下，自己表面上装疯卖傻、迷惑对方，使自己最终摆脱困境、实现自己的目标。这一做法在司马懿身上表现得是淋漓尽致。

当时，曹丕建魏后仅7年就死去了，太子曹叡登基，也就是明帝。曹叡做皇帝后，封三朝元老司马懿为太尉，总领内外大军。

曹叡喜欢坐吃山空，因为先辈们给他创造了如此丰厚的基业，所以在他当上皇帝后尽情享乐，大兴土木，建造宫殿，掠夺百姓。谁想由于荒淫过度，酿成疾病，当时仅三十五岁，却已骨瘦如柴，病快快的。为安排后事，便把亲大将军曹爽和太尉司马懿召到病榻前托付年仅八岁的太子曹芳。

曹叡让司马懿把太子曹芳拉到床前答话，当时由于曹芳太小，所以只是紧抱司马懿的脖子不放，奄奄一息的曹叡看到如此情况，顺势说道："希望司马太尉不要忘记我的嘱托，更不要忘记今日幼子对你的依恋，所以请一定要尽心辅佐拥护他！"在此情况下，司马懿奉命答应，次日，曹叡便一命呜呼了。在司马懿、曹爽的扶持下，太子曹芳登上皇位。

在幼主登基之初，曹爽还算尊重司马懿，无论是朝廷内外有什么大的事情，都会向司马懿请示，所以两大势力互不干涉。但年轻气盛的曹爽，仗着是魏主宗亲，又是现在的顾命大臣，所以渐渐露出野心，想总揽朝政。但他明白，做太尉的司马懿是他实现野心的最大的障碍，只要有司马懿在，就成不了大事，因为司马太尉掌控兵权。为了夺取兵权，曹爽以明帝的名义升司马懿为太傅，接着又把自己的兄弟和心腹都任命重要官职牵制司马懿，从表面上看来，给司马懿升官是敬重他，但实际是曹爽计划统揽大权的第一步。

虽然被夺取了兵权，但司马懿对军队还是很有号召力的，大家对这一点都心知肚明。鉴于当时曹爽势盛，自己又没有对抗的理由，所以暂且忍耐，低调行事，所以以年老体衰为借口，回家"养病"。

"百足之虫，死而不僵"。虽然司马懿被曹爽以各种手段夺去兵权，由于司马懿是四朝元老，有很大的影响力，所以曹爽还得提防他，时刻观察他的动向。有一天，曹爽派李胜去司马懿家，李胜是一个即将上任的官员，此次拜访当然是"醉翁之意不在酒"，表面上是告别，实际上是打探虚实。当听到门童禀报说有人求见，足智多谋司马懿一听就明白来访者的用意。当那个官员到司马懿的府门要求拜见司马太傅时，司马懿的大儿子司马师气愤地说："辞行，辞行，有什么好辞行的，这帮走狗巴不得我们早死。"

司马懿严厉呵斥道："做事不要冲动，他们来不就是想探我们的虚实吗？我不妨将计就计，装成一副病入膏肓的模样，使他回去告诉曹爽，让曹党信以为真，那时他们就会放松警惕，我们可见机行事了。"

于是，门童就把李胜带进了司马懿的居室，当时眼前的一切让李胜

大为惊讶：司马懿无精打采地躺在床上，双眼无神，浑身无力。当时一个丫环正在喂他喝粥，另一个丫环则侧扶着司马懿。司马懿俨然一副行将就木的摸样，嘴唇一动不动，喂进嘴的粥更是无法下咽，弄得到处都是，两个丫环手忙脚乱。

两个丫环侍候完毕、离开司马懿的居室后，李胜毕恭毕敬地对司马懿说："很惭愧这么长时间没来看您了，没想到您病成这样。"

看到司马懿丝毫没有反应，李胜于是又连叫几声，这时，司马懿才慢慢抬起脸来，奄奄一息地问道："你是谁？"李胜答道："我是李胜，曾经做河南尹，如今皇上任命我做荆州刺史，我是特地来向您辞行的。"

司马懿故意装作没听清楚，大声喘着粗气应道："是并州吗？君……君奉命赴任此州，它在北方，一定要好好防守。"

见司马懿完全听错了，那官员马上说："我是任荆州刺史，不是去并州。"

司马懿又假装听错："啊，你是刚刚从并州来？"

李胜提高嗓门说："是中原的荆州哇！"

这次司马懿假装听清了，傻笑着说道："啊！你刚从荆州来！"

李胜问旁边的侍仆道："司马太傅怎么病得这么厉害啊？"

侍仆回答说："太傅已经病了很久了，如今耳朵也聋了。"

听到仆人这么一说，李胜道："请借笔墨一用。"侍仆拿来笔墨和纸张，李胜在纸上写明了自己的来意并递给司马懿看。

看后，司马懿断断续续地说道："如今我已耳聋眼花、病入膏肓，应该是不会有所好转了。你这次前去荆州，一定要多多保重。"

说到此，又暗示侍仆，自己口渴，可真等到汤送到嘴边，花了很长时间才有一半进入口中，而另一半撒在了衣服上，并且不断咳嗽，甚是疲惫。见司马懿病成这副模样，李胜也无心久坐，所以匆匆告别。

等回去后，李胜马上报告曹爽说："我去拜见他，他已经耳聋眼花，对于我赴任的地点，司马懿听了半天才明白。"

听到李胜这么说，曹爽真是喜出望外，说道："他要是死了，我就没有什么可担心的了。"所以，他开始随心所欲地为所欲为。

李胜刚走，司马懿就马上起身对两个儿子说："这次李胜回去肯定把我的病情禀报给曹爽，曹爽一定会放松对我们的警惕，以后我们一定要见机行事。"没过多久，他们果然借机擒杀了曹爽。

在被剥夺了军权后，司马懿父子处于被动地位，本身已无力与对手正面交锋，但由于对方彻底消除对他们的戒备，所以他们才可以逆转形势。如果在敌强我弱的情形下，任何反抗的迹象，都会引起对方的注意，这必然也会给自己引来杀身之祸。为转败为胜，免遭祸殃，最保险的方法就是设法制造能迷惑、麻痹对方的假象。为达到自己的目的，司马懿不惜装作无可救药的样子，一再让步，使对方感觉到自己已经完全没有了实力，已经是"不打自倒"的失败者，这样不但有效地隐藏锋芒，而且还使对方产生了自己的劲敌将自生自灭的错觉，在等到最佳时机时进行反抗，有效地保护了自己。

在任何斗争中，如果使对手觉得你对他的威胁很大，他就会对你处处警惕，让你没有任何机会进行反抗。但是如果你能够做到藏而不露，让他对你失去警惕，那么，你必然会有反抗的机会。

《孙子兵法》中提到的"三十六计"都是很有智慧的政治战略。其

中有一计是"假痴不颠"，顾名思义，也就是伪装成一个痴呆的样子，但实际上就精明至极，表面现象误导敌人，使其放松对自己的警惕。司马懿打败曹爽就是运用了这一计。

公元249年正月，皇帝曹芳去祭拜已故的明帝，当时曹爽和他的亲信一同前往。司马懿趁魏都洛阳一时虚空，发动政变，控制军权占领魏都，当曹爽一行人得知消息后，已为时已晚，两派势力相互对峙。以军事力量来看，司马懿占绝对优势，但由于曹爽挟持皇帝为人质，所以双方相持不下，但到最后，我们可以想到，曹爽绝对会被司马懿打败。司马懿身经百战，很有经验，很有计谋；而曹爽是出自名门的阔少爷，在军事上无法与司马懿相较量。最后的结果是，曹爽把司马懿"免职处分，其他的事不加追究"的承诺信以为真，所以双方达成协议。当时为什么会出现这样的结果呢？曹爽告诉手下人："司马懿想要的只是我的政权，只要能保住性命，我就是辞官也不在乎。"于是曹爽答应辞官。

曹爽的想法也真是太天真了，他以为自己只要交出兵权就可免除灾难，但他做梦也没想到司马懿时刻监视着他，就连下人出去买食物都受到盘问。除此之外，司马懿最终的目的还是把曹爽消灭掉。不久，宦官张当因向曹爽介绍后宫的宫女的罪名被捕。其实，司马懿只是想借用这宦官陷害曹爽，张当在严刑拷打下，终于说出了曹爽最终的目标是发动叛变。听张当供出曹爽的罪行后，司马懿立即下令逮捕曹爽、何晏、邓飏、丁谧、毕轨、李胜等人，并把他们全部处死，而且还株连三族。

司马懿按照计划行事，达到了自己的目标，最后总揽国家大权。

但是，无论一个人有多么大的能耐，也会有死去的一天。司马懿也不例外，在王凌死后的一个月，司马懿也一病不起，再两个月，就在魏都洛阳去世，享年七十三岁。

虽然司马懿死去，但是司马家的权势仍然很强盛。司马懿的长子司马师和次子司马昭接班，国家大权仍然被司马氏掌控。司马懿的这两个儿子在计谋方面真是遗传了他们的父亲，他们毫不留情地打击原有政敌，使司马氏政权更加稳固。

当时在朝廷中有一位重臣叫夏侯玄，他出身名门。当司马懿在世之时，他曾被怀疑与曹爽勾结，所以被剥夺了实权，只是担任一个空有其名的官衔。司马懿害怕他图谋不轨，所以派人监视他。在司马懿死后，许允跑到夏侯玄的家里对他说："司马懿已死，以后你就不用害怕了。"

但夏侯玄却不以为然，回答说："你错了，当年司马懿没有杀我，是看在我父亲的面子上。如今，他的两个儿子司马师、司马昭是不会放过我的。"

果然如他所料，不久，夏侯玄被牵连进一起政治阴谋，被司马师处以灭三族的酷刑。

司马懿在敌强我弱的时候，能够"假痴不癫"，通过自己的"无为"来迷惑曹爽，但暗中却按计划进行活动，在敌人毫不防备的情况下，打败了曹爽，取得了胜利。

"假痴不癫"在"三十六计"中排第二十七计。在书中是这样记载的："当其机未发时，静屯似痴；若假癫，则不但露机，且乱动而群疑；故假痴者胜，假癫者败。"

战国时期，庞涓作为魏国大将由于嫉恨孙膑的本领比自己强，所以想方设法陷害孙膑，割除孙膑的双膝盖骨，使他成为废人。当得知庞涓要置他于死地时，孙膑使出了"诈疯计"，听说突然间孙膑发疯，为了验证虚实，庞涓派人去探访孙膑，结果看到孙膑在猪圈里手舞足蹈，把饭菜当作毒品，狠狠地摔在地上，代以猪粪、猪食为饭菜，还喊"好吃、好吃"。听到亲信报告给自己有关孙膑的情况，庞涓毫无疑问，于是放松了对孙膑的监视。孙膑可以适当到街上转转，时好时疯。最初，庞涓还是有点不放心，派一名随从监视孙膑，但见孙膑整天疯疯癫癫的样子，不可能有什么异常举动，所以连监护人员也取消了。有一天，来访魏国的一位齐国使者，得知孙膑的冤屈后，设法带他回了齐国。所以，"假痴不癫"计不仅使孙膑躲过了庞涓加害，还顺利到了齐国。

其实"假痴不癫"这一计的成功与否取决于"假"字，所谓"假"，就是在表面上要装聋作哑、有疯子举动，但内心要十分清醒、明白，"假痴不癫"无论是作为政治谋略还是军事谋略，都会起到很好的效果。在政治斗争中，运用假痴不癫就是韬光养晦。在不利于我方的形势下，表面上装疯卖傻，不仅可以消除对手对自己的监视和警觉。更

万卷楼

重要的是为自己暗中积极准备反抗，等待时机提供了时间保证。而在军事上，假痴不癫可以麻痹敌人，让敌人放松警惕，其实与其在政治谋略上的运用大同小异。

在"假痴不癫"的"假"的过程中一定要"假"的逼真，千万不能有破绽痕迹，否则一旦被对手识破，就置自己于危险之中。

无论是在何种竞争中，假痴不癫一般与暗渡陈仓联合使用。所谓"明修栈道，暗渡陈仓"就是在与对手博弈的时候，通过假象掩盖自己的真实目的，从而迷惑对手，使自己更容易实现目标。其实暗渡陈仓与假痴不癫相似，都是迷惑敌人，最后攻其不备。但暗渡陈仓的使用更为复杂，它需要在双方对峙时，故意另树假目标，转移对方的注意力，其实暗中却积极实现另一个目标。从兵法上说，这是一种奇正相生的战术，也就是一种避重就轻的战术。从古至今，"暗渡陈仓"被广泛应用于各个领域中。

在现代的生意场中，商家经常使用"暗度陈仓"的妙招，目的是制造假象、迷惑对手或消费者购买其产品或为其服务，从而占领更大的市场。然而，在"暗度陈仓"之前，商家必须"明修栈道"，采用各种手段迷惑消费者，只有这样，才能实现自己的目的。

无论何时，如果把"假痴不癫"和"暗渡陈仓"两计配合使用，一定能达到最佳的谋略效果。同样，在日益激烈的社会竞争中，我们要善于运用这样的计谋，从而为自己的发展铺平道路。

第六章 司马炎对你说谋略

软硬兼施，征服对手

在我们和对手的竞争之中，取得竞争的胜利有很多种方式，但是最好的方式一点要是自己付出最小的代价，获得最大的利益。软硬兼施的方法，能够针对客观条件，在减少自己损失的同时，利用各种手段，征服自己的对手，因此古今中外的成功者，在和对手竞争中，经常会运用恩威并施的谋略，来征服自己的对手。

东汉末年，天下大乱。中原陷于一片混战之中。与此同时，围绕在中原周边的少数民族开始发展，不断对于中原进行骚扰和侵略。

在民族关系方面，晋武帝采取了招抚和镇服相结合的民族政策，以招抚为主。《晋书·四夷列传》载：晋武帝对周边少数民族是"抚旧怀新，岁时无怠"，随时招抚各少数民族入居中原。在晋武帝的这种政策的感召下，塞外匈奴等少数民族首领纷纷率领本部人马、牛羊入塞定居。如：泰始年间，匈奴大水等两万余人归附西晋，晋武帝将他们安置在河西故宜阳城下。后来，又陆续迁入不少部落，与汉族杂居，"由是，平阳、西河、太原、新兴、上党、乐平诸郡靡不有焉"。太康年间，匈奴首领都大博和萎莎率匈奴各部"大小凡十余万口，诣雍州刺史扶风王骏降附"。还有匈奴胡太阿厚率二万九千三百人"归化"，此外，在咸宁和太康年间有奚轲十万人以及鲜卑、五溪蛮夷牂柯獠、西北杂房等族入居内地。晋武帝对来降的各少数民族有功首领还予以奖封，如匈奴首领綦毋俱邪伐吴有功，被封为赤沙都尉。

对晋武帝招纳匈奴等少数民族入居内地一事，西晋朝廷内颇有异议。一些人认为羌戎狡猾，其徙必异，让他们入居内地，对西晋不利。因此，建议将入居内地的各少数民族迁出中原。当时西河俸御史郭钦上疏晋武帝，提出"徙戎"主张，他说："戎狄强犷，历古为患。……今虽服从，若百年之后有风尘之警，胡骑自平阳、上党不三日而至孟津，北地、西河、太原、冯翊、安定、上郡（即今陕、甘、晋一带）尽为狄庭矣"。应该把他们迁徙到西、北边境以外地区，"峻四夷出入之防，明先王荒服之制，万世之长策也。"被晋武帝拒绝。在晋武帝的招抚民族政策下，原来西晋北方广大土地上，处处有匈奴、鲜卑、羌胡等少数民族与汉族杂居现象，《晋书·匈奴传》记载当时情况是"爰及泰始，匪革前迷，广阔塞垣，更招种落，纳娄莎之后附，开育鞠之新降，接帐连耩，充郊掩甸"。"关中之人，百余万口，而戎狄居半"。这些内迁少数民族与广大汉族人民一道生产，共同生活，友好往来，互相学习影响，加速了民族融合过程，这就为"太康之治"的形成创造了一个比较安定的客观社会环境。晋武帝招抚少数民族入居内地，拒绝徙戎，不管其主观动机如何，在客观上是顺应了民族融合的历史发展趋势，是附合各族人民愿望的，应予肯定，这既是"太康之治"所以能够出现的一个重要原因，又是"太康之治"的具体表现之一。

对边境或内部的其他民族进行武力征服和威慑，只是问题的一个方面，对这些民族同时进行安抚，使其归附于晋王朝，是问题的另一个方面；而且，从产生的结果来看，武力征服和威慑只是手段，使其归附，

第六章 司马炎对你说谋略

才是目的。

《晋书·四夷传》写道："武帝受终衰魏，廓境全吴，威略既申，招携斯广，迷乱华之议，矜来远之名，抚旧怀新，岁时无怠。"可见晋武帝自登基以来，对四方其他民族，主要是采取怀柔、招抚政策的。再加上政令统一，经济发展，民生安定，原先因战乱流亡其他民族栖息地的中原人纷纷思归，由此也带动了其他民族的内依晋朝。所以在晋武帝时代，形成了一个其他民族内迁或归依的潮流；在晋武帝执政期间，近乎年年都有大批的四方民族内迁或归依。这时的晋王朝广开容纳之怀，从而使国内人口得到很大发展。

晋武帝称帝之后，匈奴大水塞泥黑难等即举领两万余人归依，散居在平阳、西河、太原等六郡。

咸宁二年（276年）二月，在并州诸军事胡奋大破犯塞胡人的同时，东夷则有8国人举国归依。

七月，在戊己校尉己循大败犯境鲜卑阿罗多等部的同时，东夷有十七国内依于晋。

咸宁三年（277年），先后有"西北杂虏及鲜卑、匈奴、五溪蛮恋、东夷三国前后十余辈。各帅种人部落内附"。

咸宁四年，又有东夷的九国之众内迁中原地区。

咸宁五年三月和十月，匈奴都督拔弈虚、余渠都督独雍等，先后各带领部落归依。

太康二年（281年）六月，再有东夷五国内附。

太康三年九月，东夷有二十九国归依晋王朝，并贡献其地方宝物。

太康四年六月，牂柯獠2千余部落内附。

太康五年匈奴胡太阿厚率部落二万九千三百人来降，晋武帝在塞内西河划地接纳居住。

太康六年四月，参离四千余人内归。

太康七年八月，东夷十一国内附。是年，还有匈奴胡都大博及萎莎胡（匈奴十九种之一。）等各率部落共十万余人内附，居雍州。

太康八年八月，东夷两国内附。是年亦有匈奴都督大豆得一育鞠等再率种落一万一千五百人前来归附。

太康九年九月，"东夷七国诣校尉内附。"

太康十年五月，屡犯晋境的鲜卑人慕容廆来降。这一年，还有奚柯种族的男女十万人内附于晋。

慕容廆的曾祖父在魏国初期率领他的各个鲜卑部落入居辽西，曾从司马懿讨伐公孙渊而立功，被拜为率义王，始建其国于棘城之北。慕容廆的父亲慕容涉归后为鲜卑单于，迁邑于辽东北面。慕容廆自幼身材伟岸且容貌娴丽，胸有大志，受当时安北将军张华的器重，张华还将服簪帻巾等相赠，与其结殷勤而别。而该时的慕容鲜卑，亦是臣服于晋王朝的。由于宇文鲜卑与慕容廆的父亲有隙，慕容廆继父位后要平父怨，曾上表晋武帝要讨伐宇文鲜卑，晋武帝没有准许，慕容发怒，遂入寇辽西，杀人很多。晋武帝派军击败慕容廆。自此慕容廆再掠昌黎，每年不断，并夺扶余国而占之。晋武帝再调兵遣将击败慕容廆，重立扶余之国。慕容廆到底是个识时务的俊杰，遂与其众谋商说：我自先公以后世代事奉中国，况且华裔所依事理不同，我们本来就与他们强弱有别，我们怎能与晋抗争呢？为什么不与晋媾和以不再祸害我们的百姓呢？于是慕容廆派来使节，请求投降。

晋武帝不仅不念旧恶，反而嘉许慕容魔，拜他为鲜卑都督。

可是晋武帝的属下就不如晋武帝做得潇洒。东夷校尉何龛曾、败慕容魔兵。慕容魔请降后谒见何龛，以士大夫的礼节巾衣到门。何龛以胜利者的模样，严兵以见之。慕容廆随即改服戎装入见。人问其故，他回答说：主人不以礼待客，客为什么还讲求礼节？何龛听说以后，深觉惭愧，对慕容廆更加敬佩。

太康十年（289年），晋武帝使慕容廆率其鲜卑人迁居于徒河的青山。

以软硬兼施的策略使四方其他民族大量归附或内迁，是晋武帝时代人口发展的一个方面。这种方法取得了很好的成效，晋武帝时期，中原人口恢复很快，也正是有了劳动力的基础，才有了后来是太康盛世。

司马炎能够以软硬兼施的手段，征服自己的少数民族的对手，可见软硬兼施的计谋在利益争夺与竞争中有着很好的效果。

在我们的竞争过程中，一味进行硬性的争夺，不论是否取得成功，都会造成自身的损失；而一味地示好，不发生正面的竞争，也只会使得自己在竞争一直处于下风，不能获得竞争的胜利。在竞争中，只有该软的时候软，可以示之以利，消磨对手；该硬的时候硬，可以使之以威，震慑对手。恩威并重，从而征服对手，使自己获得竞争的胜利。

软硬兼施的做法，在谈判桌上经常能够取得很好的效果。1923年，前苏联国内食品极度短缺，前苏联驻挪威全权贸易代表柯伦泰奉命与挪威商人洽谈购买鲱鱼。

当时，挪威商人非常了解前苏联的情况，想借此机会大捞一把，他们提出了一个高得惊人的价格。柯伦泰竭力进行讨价还价，但双方的差距还是很大，谈判一时陷入了僵局。柯伦泰心急如焚，怎样才能打破僵局，以较低的价格成交呢？低三下四是没有用的，而态度强硬更会使谈判破裂。她冥思苦想终于想出了一个办法。

当柯伦泰再一次与**挪威商人**谈判时，十分痛快地说："目前我们国家非常需要这些食品，好吧，就按你们提出的价格成交。如果我们政府不批准这个价格的话，我就用自己的薪金来补偿，你们觉得怎么样？"挪威商人听了她的话，一时竟呆住了。柯伦泰又说："不过，我的薪金有限，这笔差额要分期支付，可能要一辈子，怎么样，同意的话咱们就签约吧？"柯伦泰的这句话虽然让挪威商人很感动，但也感到了其中某种强硬的意味，要还一辈子？这里面似乎已经没有讨价还价的余地。最后，经过一番深思熟虑，他们最终还是同意降低了鲱鱼的价格，按柯伦泰的条件签订了协议。在谈判中，一味地用和气、温柔的语调讲话，一个劲地谦虚、客气、退让，有时并不能让对方信赖、尊敬及让步，反而会使一些人误认为你必须依附于他，或认为你是个软弱的谈判对手，可以在你身上获得更多更大的利益。

相反，如果一开始就以较强硬的态度出现，从面部表情到言谈举止，都表现出高傲、不可战胜、一步也不退让，留给对方的也将是极不友好的印象。这样会使对方对你的谈判诚意持有异议，从而导致失去对你的信赖和尊敬。那么，正确的方法应该是怎样的呢？故事中的谈判给我们提供了答案。本来是紧张的商业谈判，最后却因为一方的示弱发生了意想不到的改变。这种示弱在商业谈判中叫做"软硬兼施"。

当谈话陷入僵局，双方各执一词争执不下的时候，要想让谈判继续下去，一方就要做出让步。让步不是无谓的退缩，而是在谋划周全后，为了争取最大利益而做出的举动。柯伦泰在双方分歧较大的时候

提出，用自己的钱买挪威人手中的货物，还言辞恳切地询问对方的意见如何。这些话麻痹了对方的神经，以为她真的会按自己说的去做，没想到这只是柯伦泰的一种策略。而且，她最后说如果是自己付钱，恐怕要一辈子。

通常来讲，谈判双方实际上就是在讨价还价，但柯伦泰的"一辈子"让对方一时语塞，不知道该怎样回答，这就是一种硬。先软后硬让对方无所适从，柯伦泰正是看透了对手的这种心理，才在谈判陷入僵局时，掌握了主动，最后以较低价格签订合约。无论生活中还是谈判桌上，当我们遇到类似于故事中那样局面的时候，不妨试用一下软硬兼施的谈判方式，熟练掌握，很可能会取得意想不到的好结果。

懂得软硬兼施，才能在和对手的竞争中，减少自己的损失，扩大自己的利益。懂得软硬兼施，才能够运用自己的智慧，在竞争中征服对手。懂得软硬兼施，才能够最终取得最后的胜利。

学会爱护你的对手

生活中不缺乏对手，工作中更是如此，同事、上级和下属，在某种程度上来说都是你的对手，但对手不是敌人。有的人混淆了这一点，所以人际关系很差，四处碰壁，不仅影响了工作，也影响了生活。有的人明白这一点，所以他会像爱护自己一样地爱护他的对手，并利用对手成就自己的事业。

曹魏景元五年（264年）三月，洛阳城西的大路上，走来了一支疲惫不堪的队伍。初春的洛阳郊区，四周一片光秃，凛冽的北风吹动着干枯的树枝隐隐作响，偶尔几只乌鸦的"呱！呱！"叫声，给这古城荒郊更增添了几分凄凉。在满身征尘的队伍前头，一位年近六十的老者，蓬头垢面，目光呆滞，几个年纪不等的男女，垂头丧气地跟在后面缓缓而行，不时地还传来后队押解士兵的呵叱声。

这是一支押解着刘禅，举家东迁洛阳的魏军。那个年近六十的老者，就是蜀后主刘禅。队伍走进城内，好像进入了另一个世界。两旁店肆林立，人来人往，一片繁华。大街两旁早已挤满了围观的百姓，有的地方甚至挤得水泄不通，不是士兵们跑到前面，荷枪持杖地开路，要想前进一步都很困难。人们早已等候在这里，想看一看这位亡国之君的真面目。

人们一边观看，一边悄声议论。当看到老迈苍苍的刘禅时，不仅惊呆了。原来，刘禅虽然五十九岁了，可由于他昏庸得幼稚无知，在人们心目中永远长不大，大家老觉得他还是十七岁即位时的刘阿斗。

在战俘队伍中，有两位身着蜀国官员服装的男子，一身刚正之气，虽在亡虏之内，泰然自若，不卑不亢。一位是秘书令郤正，一位是殿中督张通，二人都是巴蜀节烈之士。刘禅举家迁徙，他俩不远千里，以身相随。围观的人，不由得对郤正、张通肃然起敬，交口称赞。

在晋王府，司马炎隆重地接待了刘禅。他要给尚在江东的孙吴，树立一个亡国君臣备受礼遇的榜样。以魏帝的名义，封刘禅为安乐公，食邑万户，赐绢万匹，奴婢百人。刘禅的子孙及先后投降的蜀汉官员封侯者达五十多人。刘禅知足了，一直悬着的心放下了，脸上露出多日不曾见过的笑容，他十分佩服光禄大夫谯周的先见之明。

司马昭似乎对刘禅特别关心，唯恐他过不惯中州洛阳的生活，经常设宴款待他。作为亡国之君，受辱于敌国的刘禅慢慢从恐惧自卑中复苏过来。国破家亡之耻，蜀汉将士慷慨捐躯的举动，被他一古脑抛在一边。有一次，司马炎和刘禅在一起宴饮。命人演奏起蜀地的乐舞，蜀国来的人听到蜀国的音乐，不由得想起家园故园，无不感动落泪，而刘禅竟高兴得手舞足蹈，谈笑自若。司马炎见后，又是高兴，又是气愤。高兴的是，经过自己的一番努力，刘禅的亡国之戚已消磨殆尽，留下他，决不会给自己的统治带来不安定的因素；气愤的是，刘禅这个人简直没肝没肺，国破家亡，竟无一点哀伤。事后，司马炎对贾充说："这样的无情人，就是诸葛亮在世，也不能辅佐他长久，更何况是姜维！"贾充倒是很明白，反问说："不如此，主公怎么能吞灭蜀国？"刘禅的昏庸无耻，连希望他无耻、无情的人都嫌他太无耻、无情了。又有一天，司马昭问刘禅："你思念蜀地吗？"刘禅很干脆地回答说："此间乐，不思蜀也！"

秘书令郁正是巴蜀有名的忠义之士，他唯恐刘禅到洛阳后举动失措，有失人格，也有损蜀汉政权的体面。因此，不远千里，抛弃妻子，单身跟随刘禅到洛阳。见到刘禅的所作所为，虽然大失所望。但他仍忠贞不二，对刘禅说："以后晋王再问你，你应该含泪回答：'祖先坟墓，远在蜀地，内心悲伤，无日不思'。然后闭上眼睛，以示悲哀。"过了几天，司马炎果然又问。刘禅按照郤正的话言不由衷地重复了一遍。"你说的怎么像郤正的话？"司马炎感到诧异地问。刘禅慌忙睁开眼睛，呆呆地望着司马昭说："大王说得很对，本来就是郤正教的我。"左右的人听了，无不为刘禅的愚笨感到好笑。

堂堂一国君主，因其昏庸无能，而断送了蜀汉的江山社稷；因其厚颜无耻，而留下了"乐不思蜀"的千古笑谈。这一趣事一方面反映出刘禅的单浅昏愚，另一方面也反映出司马昭的宽惠；这只要对比一下后世宋太祖毒死已为阶下囚的李煜时所说的话"卧榻之旁岂容他人酣睡"，就可得知窄宽之分。

司马炎不仅对于昏聩的刘禅给予了宽大的处理，对于自己一生中最大的对手孙皓，司马炎同样表现的很大度。

前文提到，太康元年（280年）年初，南下灭吴的晋军所向披靡。杜预攻克江陵，横扫沅、湘、交、广诸州，王浑渡过横江，胡奋拿下江安。王濬率领的水师连破吴人的横江铁索和水面铁椎，捣毁沿江险关隘口，先与胡奋、王戎等军陷落夏口、武昌，继而长驱东进，直指建邺。与此同时，王浑的大军也到达了江北。

孙皓派出的军队皆被晋军击败，丞相张悌等人战死。这年三月，王濬以水军八万、方舟百里，鼓噪攻入石头城。吴主孙皓无计可施，面缚舆榇，向晋军投降。至此，东吴亡国，三国鼎立后的吴、晋两国对峙的局面结束，全国重归一统。

平吴后，司马炎为稳定新征服地区的人心，把孙皓封为归命侯，赏赐大量的衣物、车乘、钱谷，还安排了一些随降的吴国朝臣和大族为官。对于北渡的吴国将吏和百姓，他分别给予免除赋役十年或二十年的优待。

吴国灭亡之后，司马炎改元太康，又召集文武百官及周边各族各邦使者，举行盛大朝会，连国子监的学生也参加了这一盛会。

吴主孙皓在这么多人的面前，尽管成了亡国之君，孙皓仍表现出不肯屈服的样子。司马炎指着给孙皓的座椅说："我安排好这个座位等待你来拜见已经很久了。"

孙皓答道："臣在江南也设了这样一个座位等待陛下去朝拜呢！"贾充曾一再反对迅速攻吴，当他又一次将主张班师、停止攻吴的奏章派人送达朝廷时，王濬夺得建业、俘虏孙皓的捷报也同时到京。贾充为此而深感惭愧，不得不回京请罪。司马炎因他是开国元勋，仍让他担任太尉。此时，面对俯首称臣的孙皓，贾充也想当众表现一下，揭揭孙皓之短。他问："听说你在南方凿人的眼睛，剥人的面皮，这是对什么人用的刑？"孙皓反唇相讥："臣子对君主不忠，甚至谋杀君主，就要受这种刑罚！"贾充听了哑口无言。原来昔日司马昭试图篡魏称帝时，贾充曾亲自下令刺死魏帝曹髦，犯有弑君之罪。他最不愿别人提起此事，而孙皓偏要当众出他的丑，使之十分难堪。

尽管孙皓在宴会上表现得并不令人满意，但是司马炎并没有对孙皓进行什么惩罚，恰恰相反，他给了孙皓和刘禅一样好的待遇。

但是孙皓在洛阳再也不能摆帝王威风了，他感到屈辱，精神痛苦不堪。被俘至洛阳的当年十二月，他便一命呜呼了。这个残忍荒淫、祸国殃民的暴君，最终得到了他应有的结局。

对于对手，司马炎表现出了应有的气度，他能够坦然的面对对手，并给以失败的对手以礼遇，可以说他很珍惜自己的对手，也很爱护自己的对手。

有对手的过程赢得固然辛苦，但也正因为如此，我们才能享受成功的快感!

人生就像一场比赛，同时参赛的人很多，每一个都是你的对手。没有人喜欢一个人的比赛，那将是多么的索然无味。正是因为对手的存在，才激发了你向前的勇气，甚至激发了你某方面的潜能，你才能充分发挥出自己的才能，把事业做得蒸蒸日上。

爱护你的对手，首先要尊重你的对手。有的人为了自己的利益想尽办法打击对手，甚至用一些卑鄙的手段，他们认为必须贬低对手自己才会受人尊敬。事实并非如此。发展事业要靠自己努力创造业绩；提高声誉要靠自己努力修养品德。只要业绩和品德两方面出众，自然会赢得别人的尊重，远比靠贬低别人的效果好得多。

宋朝的范尧夫在担任宰相时，程颐与他同朝为官，是一代大儒，所以皇帝经常向程颐请教。同为朝廷重臣，程熙认为范尧夫没什么能力，不应当宰相，心里很不服气。

范尧夫不任宰相一职后，有一次程颐来见他。交谈之余，程颐责备他说："您当宰相时，有许多地方做得不好，你现在感觉惭愧吗？"

范尧夫只是"哦"了一声，没有说别的。

程颐接着说："您当宰相的第二年，苏州有乱民暴动，他们抢夺官府粮仓，当时就有人告诉了您。您应当直言不讳地告诉皇上，可当时您什么也没说，为何？您的默不作声，导致了许多无辜的人受到惩罚，这是您的过错啊！"

范尧夫听后连忙道歉，显出愧疚之意，说："的确如此！当时我真应该说几句！虽然是宰相，但没有做到爱民，真的是我的过错，您批评得对！"

程颐又说："您做宰相的第三年，吴中地区发生了洪涝灾害，百姓们只能用草根树皮充饥，如此重大的事情，地方官已报了很多次，但你却置之不理，直到皇上提出要您去办理赈灾事宜，您才行动。堂堂一朝宰相，您居其位食其禄而不谋其事，真是太不应该了。"

范尧夫又连连道歉。

程颐又指出了范尧夫很多的不是，然后告辞走了。之后，他经常在别人面前指责范尧夫的过失，批评他不是当宰相的料。很多人把这些告诉范尧夫，听别人这么说，范尧夫只是笑着，并不作任何辩解。

一天，皇帝召见程颐问他几个有关治理国家的问题。

程颐大谈一番治国安邦之策后，皇帝说："你真是有当年范相国的风范啊！"

程颐大为吃惊地问："范尧夫也曾向皇帝进荐过许多忠言良策吗？"

皇帝指着一个小箱子说："那些都是他进言的小札子。"

程颐不以为然地打开，突然发现当初他指责范尧夫的那两件事，其实范尧夫早就采取行动，只是由于某些原因施行得不够好罢了。

当时，程颐因为羞愧，红了脸，第二天便登门给范尧夫道歉。

看到程颐此举，范尧夫却表示不计较，笑道："不知者无罪，您不必这样啊！"

在范尧夫受到程熙的指责和冤枉时，他不加辩解，只是尊重对方，顾及对方颜面，范尧夫真的可以说是一个尊重对手的典范。

好朋友难找，似乎好对手更难寻。如果你有一个好对手，不仅要尊重他、珍惜他，更要热爱他。

在工作生活中，面对对手的挑战，我们不仅不要惧怕和忌妒他，更应该学会尊重和了解他，因为与强劲对手竞争，我们才能发现自己的不足，才会有危机感，这样会促使我们更加顽强拼搏，以致创造更好的成绩。

提到"对手"，首先出现在我们脑海中的想法就是打败对手，其实这样是很片面的。很多时候对手的存在并不是为了让你打败他，而是不断激励自己，成就更大的事业。一旦失去对手，你也就失去了发挥才能的土壤。你同对手如同硬币的两面，正是因为有正面，另一面才被称为反面，否则只能叫面，没有任何存在的意义和价值。所以，一定要明白对手与我们是一个整体，是不可分割的。

有一个年轻人，被老板倚为左膀右臂。他担心跟老板这种良好的关系被别人破坏，对同事中才干稍稍突出的人，就想方设法挤走。到后来，整个公司除了他之外，都是一些平庸之辈。可是，在激烈的市场竞争中，一班庸才怎么能获得成功呢？由于公司亏损严重，老板决定关闭公司，这位年轻人也因此失去了自己的位置。

在一家商业街，相邻有五六家服装店，生意都不错。其中一位姓李的店主，实力最强。他野心勃勃，决心不惜代价，把那几位对手打败，以便为壮大事业创造条件。所以，他利用实力优势，实行厂价销售。大凡按进价销售商品，是亏本买卖，因为房租、税收、工资等是一笔不小的开支。那几家商店实力较弱，按进价卖不起，一年下来，生意惨淡，相继搬走了。但是，李某的独门生意并没有像最初预计的那么好，反而越来越不景气。为什么呢？因为顾客对服装的价格、质量都不在行，这里只有他一家店，顾客无法"货比三家"，当然不爱来了。结果，又过了一年，惨淡经营的李某不得不关门大吉。

第六章 司马炎对你说谋略

上面的两个小故事告诉我们，对手并不是只会损害你的人，在很多时候对手对你的帮助也许比任何一个朋友更多。所以，要感谢你的竞争对手，他们是你前进中的磨刀石，可以让你的刀磨得更锋利。

在日常生活、工作中，我们常常遇到各种各样的对手。当我们在激烈的竞争中感到身心疲惫时，往往会情不自禁地想，要是这样的对手不存在该多好啊！可没有对手的竞争，就像一个女人化好一个漂亮的妆却没有人欣赏一样！让人索然无味，慢慢地也就失去了竞争的动力。

三人行，必有我师。所以，无论对手强劲与否，总有某方面是值得我们学习的。

巩固根基，谋求发展

想要建设一座大厦，首先就要建设的根基，根基越牢固，建筑物就越结实；只有根基越深，建筑才能建得越高。人生也好比建筑，想要获得更高的成就，首先就要打下牢固的根基，只有根基稳固，才能够谋求长远的发展。

西晋司马氏集团，是汉代以来世家大族的集中代表，从他们掌权以来，就开始不断地保护和扩大世家大族的政治、经济特权，以巩固司马氏皇室的统治。

西晋笼络士族官僚的政治措施，主要是"六等之封"和九品中正制。

在中国古代，官僚贵族的身分等级和政治权力，主要以"爵"和"官"来表示。爵是指贵族的封号，一般有王、公、侯、伯、子、男等级别，但各个王朝通常都不全设这些称号，主要是王和侯两级。封爵的贵族有归他食用的封地，即将封地上国家征收的赋税拿出一部分归封爵的贵族。如上述王濬平吴后，封襄阳县侯，就是把襄阳县做为他的封地，也叫封邑，食邑。襄阳县民户所交纳的户调和田租，要拿出三分之一归王濬。封爵的贵族死了，通常由嫡长子承袭爵位。光有爵位还不行，要参预国家政权，必须当官。官是贵族的实际行政职务，负责某一方面或某一地方的军政。当了官不仅有了权力，还可领到一份相当丰厚的俸禄。西晋时期的士族官僚，一般都既有爵，又任官。俗语讲"加官晋爵"就是指在两个方面同时提升。六等之封和九品中正制就是在这两个方面满足士族官僚的欲望。

自从曹魏实行九品中正制以来，士族门阀地主的势力迅速发展，他们不仅要求凭借门第、家世当官，还要求朝廷给他们更高的世袭爵位，他们甚至"家家欲为帝王，人人欲为公侯"。早在曹爽专政时，宗室曹同就上《六代论》，要求实行西周的五等分封制，并论证了秦朝废除分封制的危害。司马昭当上晋王后，便积极满足士族官僚的要求，实行了公、侯、伯、子、男的五等爵制。

西晋泰始元年（265年），司马炎称帝，决定进一步扩大五等爵制，司马氏家族近水楼台先得月，并且得到一个比其他士族大得多的月亮。凡司马氏宗室一概在五等爵之上，分封为王，一下子封皇族二十七人为王。咸宁三年（277年），又对以往的封爵制作了系统的整理，正式形成了西晋王朝的"六等之封"制度。

第一等爵是王，王的封地称国。有以郡为国的郡王和以县为国的县王。郡王以户邑多少，分为三等，最多时四万户以上为大国，一万户以上为次国，小国也有一万户。诸王在封国内可以设置军队。大国置三军，共五千人；次国置二军，三千人；小国置一军，一千一百人。另外，司马炎觉得，曹氏宗室虽有王侯之号，而等同于世夫，根本无力拱卫帝室，结果自己篡位时，曹氏宗室手中既没有一兵一卒，也没掌握一方军政大权。司马晋室的统治要长治久安，必须赋予同姓诸王军政大权，让他们各据一方，作帝室的坚强后盾。于是，又允许诸王自选国中的官吏，重要的诸侯王都督各州诸军事。如晋武帝的四叔，司马懿第四子司马亮为汝南王，出为镇军大将军、都督豫州诸军事。司马懿第九子司马伦为赵王，迁安北将军，督邺城守事。这些同姓诸王，不仅控制着封国内的军政大权，而且控制了一州的军队。西汉以来的历史证明，这是一种过时了的落后制度，它为地方割据势力对抗中央提供了方便。西晋后期八王之乱的祸根，就是这一制度种下的。

王以下的五等爵，分别是公、侯、伯、子、男，主要是封给司马氏及代魏、灭蜀、灭吴中有功的异姓士族官僚。公和侯也有数量不等的军队。以上六等爵在封地内，均享受三分之一的户调和田租，中央的财政收入被他们分割去许多。王以外爵位的数量，多得惊人，达五百多个。西晋的高级士族官僚基本都得到了封爵。

在官吏的选拔上，司马氏仍沿袭曹魏的九品中正制。到西晋时，家世、门第成为评定官品的唯一标准。所谓"公门有公，卿门有卿"的现象，就是在西晋形成的。西晋时期的中正官，为了保持少数家族垄断上品高官的局面，只把九品中的上上、上中定为上品。上下以下即为下品。在朝廷中有权势的家族全为上品，无权势的一般士族只得列为下品。士族当中又分化为上品与下品的区别，出现了"上品无寒门，下品无势族"的现象。

看来，"九品中正"不"中"，也不"正"。那些操纵选举的中正官，互相勾结，垄断上品，把大批有德有才能的官吏排挤在下品。在中央任职的全都是司马氏皇族和司马氏的功臣、亲信。至于吴、蜀等地的名门望族和有识之士，更是被他们看作是"亡国之余"大加排斥。整个西晋一代，扬州无郎官，荆州江南无一人在中央任职，就连巴蜀名士，以孝道传颂至今的李密，也被他们排挤归家而死。

西晋王朝通过"六等之封"，来满足士族地主对封爵的要求；通过九品中正制来满足其做官参政的欲望，朝廷大权都被这些大士族、大官僚把持了。

然而，政治上安抚了士族大官僚还不行，他们支持司马氏称帝还想获得更多的物质利益。自东汉以来形成的世家大族，都占有大量的土地和劳动人手，经营田庄，不同程度地享受免税免役的特权，他们还要求西晋政府把这些经济特权也象政治特权那样，用法律的形式固定下来，使之合法化。于是，晋武帝又在照顾士族利益的前提下，实行了户调制，占田、课田制和士族官僚的占田、荫客、荫亲属制。

户调制最早实行于曹操时期。东汉后期，往往随时向农民征收各种物品，这种临时强行摊派，叫作"调"。而正式的赋税田租、口赋、算赋，照纳不误。建安九年（204年），曹操攻克邺城，为减轻人民负担，颁布了田租户调令：收田租每亩四升，户出调绢二匹，绵二斤，其他的苛捐杂税一概废除。西晋的户调制规定：丁男作户主的民户，每年交纳

第六章 司马炎对你说谋略

227

户调绢三匹，绵三斤。丁女或次丁男（十五岁到十三岁，六十一岁到六十五岁的男子）作户主的民户，折半交纳。户调的定额只是一个平均数，实际征收时要按民户资财的多少分为"九品（等）"，按品征收，叫作"九品相通"。

曹魏时，为恢复北方生产曾实行屯田制，后来慢慢被破坏，司马昭时即下令废除，屯田农民或变成国家编户，或变成世族地主的佃客。全国统一后，西晋政府颁布了占田、课田的法令。规定：男子可占田70亩，女子30亩。在占田之中，丁男有五十亩，次丁男有二十五亩，丁女有二十亩是课田，每亩向国家纳税谷八斤。占田不是政府分配土地，而是允许农民占垦荒地的数额。占足占不足，政府并不负责，都要按法定的课田征税。

在颁布户调、占田、课田制的同时，还规定了士族官僚地主的许多特权。

西晋官吏可按官品占有大量土地：第一品官有权占田五十顷，第二品官四十五顷，以下每品递增五顷。第九品官可占田十顷。士族官僚还可按官品庇阴亲属，多者九族，少者三世，凡受荫的亲属都不向国家交纳户调、田租，不服徭役。此外，还可按官品庇荫衣食客和佃客。衣食客多者可荫三人，少者可荫一人。庇荫佃客最多的可达十五户，最少也可荫1户。庇荫的这些衣食客、佃客同样不向国家纳税服役，成为士族官僚的私家人口。

以上关于官吏占田、荫客、荫亲属的规定，只是国家法律允许占有的限额。实际上，土族官僚真正占有的远比政府规定的要多得多。司徒王戎的园田水碓遍于天下；荆州刺史石崇有苍头（奴隶）八百人；强弩将军宠宗有田二百多顷。

从西晋实行的这些政治、经济制度来看，士族官僚可以说是财源茂盛，滚滚而来。通过封爵，可以分割自己封地上民户交纳的户调和田租（最多的诸王可达十万户）；做官又能得到很高的俸禄；又可在国家法律保护下广中田园，经营大规模的田庄，搞大规模的经济创收。所以，西晋时的士族官僚大都财积如山，富比王侯，难怪他们要在钱财堆上夸奢斗富，纵情挥霍了。

司马晋室的这些政治经济制度，也是士族门阀地主形成的标志。自东汉以来，世家大族逐步取得了一系列的政治、经济特权。政治上，他们操纵推举，垄断政权，世代为官；经济上，他们占有大量土地和劳动人才，经营田庄，享受着免税免役的特权。但是，在魏晋以前，尽管在习惯上或事实上都这样做，并没获得封建国家制度上的承认和法律上的保护。通过曹魏的九品中正制和西晋一系列保护士族地主官僚的立法，世家大族们的一系列政治、经济特权，都得到封建国家制度上的保证，士族门阀制度终于形成、巩固了，其政治、经济利益受到这一保护的世家大族也就都发展为士族门阀地主了。

司马氏本身为河内（今河南省）士族，司马懿掌握魏国权力之后又改变、利用了九品官人法，使司马氏本身在官品起家上就得到了好处。如司马懿的儿子司马仙起家为四品的宁朔将军，监守邺城。司马炎当初也以贵公子当品，乡里莫敢与为辈。司马炎当上皇帝后，承袭其前辈争取士族的作法——其前辈争取士族是为了夺取曹氏政权，而司马炎这么做则是为了经营政权，促成和巩固士族政治。

司马炎清楚的知道基础的重要性，在他的统治中，十分注意巩固自

第六章 司马炎对你说谋略

229

己统治的基础。他给当时社会统治的基础力量——氏族大家提供了优越的条件，以保证他们对自己的支持，事实证明，在当时的条件下，氏族的力量稳固了司马炎的统治基础，保证了西晋的发展。

我国古代经典《尚书》中提到：民为邦本，本固邦宁。又有语曰：基础不牢，地动山摇。可见作为一个统治者，一定要有稳定而牢固的管理基础，否则无法保证自己的统治和管理。

事实上，根基的重要性并不仅仅体现在管理之道上。一个人想要获得人生的发展，需要有牢固的根基。一个企业想在市场竞争中取得胜利，需要有稳固的根基。一个国家想要在激烈的国际风云中，获得立足之地，同样需要稳固的根基。所以，一个有思想，有谋略的人，在谋求自己的发展之前，首先要做的就是扎实自己的基础，稳固自己的根基。

在我们的学习、工作和生活中，只有志存高远，才能够追寻可能实现的目标。鼠目寸光的人，所获得的收获肯定也会少。所以我们一定要有远大的志向，敢想敢做，向着自己的人生成功前进。

远大的理想能够给我们树立一个方向，但是我们向着方向前进的前提条件，就是打好人生的基础。正所谓："不积小流，无以成江海；不积跬步，无以至千里。"只有踏踏实实的做好每一件小事，为自己人生打下坚实的基础，才能够在追求自己量和目标的道路上走得更远。

曾有一年，加州地区雨水多过往年，连日里大雨小雨连绵不绝，很多地方都发生了水患。那些在建筑时靠近湖边或河旁的房子，有很多都被洪水淹没或者冲走了。另外一些有些房子虽然建造的远离水边，在

山腰或山冈上，但是同样没有逃过水灾，因为这些建筑，健在了土壤中，根基不稳，经过雨水长时间的浸泡，造成松软的土壤开始顺着雨水历史，房子也因此随着山石崩落而倒塌。电视新闻报道中曾经出现过一个场景：在旧金山地区一片非常优美风景区，有一排造价昂贵的豪华公寓。因为房屋下的土壤已经随着雨水的冲刷往山下倾泻，不得已之下，政府规定，屋主要在限期之内对房屋进行挽救，如果不能，就只好拆除。根本原因就是我们上面提到的，这些房屋没有建造在坚固的磐石上，造成根基不稳。平时因为没有风雨，看不出房子根基是否稳固，真正到了风雨到来的时候，这些根基不稳的房子，虽然造价昂贵，但是也只好拆除。

人生就好像这些房子，只有建筑在稳固的根基之上，才能够经历人生道路上的风雨颠簸，才能过经受住人生中各种磨难的考验，最终走向属于自己的成功。

未雨绸缪，防患未然

《韩非子·喻老》中说道："千丈之堤，以蝼蚁之穴溃；百尺之室，以突隙之烟焚。"可见祸患都是起自于常常被我们忽略的隐患。想要在我们的人生的发展之路上，走得长远，就要注意这样的细小的隐患，未雨绸缪，做到防患于未然。

司马炎篡魏称帝、建立晋朝后，封司马攸为齐王，对他还算尊崇，让他掌握部分军权，参与议定国家大事，官职由卫将军迁骠骑将军，又转镇军大将军，后由武官转为文官，任太子太傅、司空等职。但到了晋武帝晚年，情况却发生了很大变化。

晋武帝共有二十六子，其中皇后杨艳所生仅三人，并且长子司马轨年仅两岁即夭折。次子司马衷遂以年长被册立为太子。然而，司马衷智力低下，自己的日常生活都不能料理，将来继承皇位、治理国家就更成问题了。朝中许多大臣对此忧心忡忡，屡劝晋武帝另择贤明。晋武帝一度产生了动摇，曾与皇后杨艳商量是否另选太子。杨皇后坚决不同意，说："依照礼制，选择太子的标准是，看他是不是嫡长子，而不必考虑他是否贤明。这一规定绝对不可破坏。"武帝自此不再提废黜太子之事，也不愿听别人议论太子不聪明，千方百计为太子树立威严。谁敬奉太子，武帝就大加任用；谁说太子不堪入承大统，武帝就与之疏远甚至将其贬黜。于是出现了两种相互对立的说法：向武帝谄媚的人极言太子聪慧超群，忧国忧民的大臣则认为太子愚黯，于国不利。

与有争议的司马衷相反，齐王司马攸则名望甚高。他自幼博览群书，善于写文章，时人非常赞赏他的才思。加之他承嗣司马师，本来就几乎继司马昭之后执掌朝政，因没竞争过司马炎而屈居郡王之位。他如果继承皇位，不仅名正言顺，而且他的突出才干与司马衷的愚蠢形成了鲜明对照，凡是真心为朝廷未来的振兴着想的人，无不对他推崇备至，期待着他来取代司马衷的位置。

司空卫瑾知道太子根本没有理政能力，屡欲进言而未敢说。有一次，晋武帝在陵云台举行宴会，卫瓘假装喝醉了酒，摇摇晃晃地来到武帝座前跪下，对武帝说："臣有话要讲。"武帝问："你想说什么？"卫瓘一再装出欲言又止的样子，最后摸着武帝的座位，叹息说："此座可惜！"武帝明白卫瓘说这话的用意，便故意打岔说："你真是喝醉了吧？"叫人将他扶了下去。卫瓘见武帝不听劝告，自此不再提太子之事。

太尉贾充是个很惯于见风使舵的人。他原来追随司马昭，在篡魏的阴谋中起过较大作用，所以司马昭临终前，特意对司马炎说："知你者莫过于贾充，你一定要重用他。"司马炎建立晋朝后，贾充果然成为他身边的重臣。为了加强自己的权势，贾充极尽谄媚取容之能事，想方设法迎合司马炎的旨意，还把女儿贾荃嫁给当时官职甚高、参预朝政的齐王司马攸，使自己成了朝中举足轻重的人物。侍中任恺、中书令庾纯等人比较刚直，他们看不惯贾充在朝中搬弄权势，便趁关中鲜卑人叛乱的时候，向武帝进言，让贾充离京赴关中，任都督秦、凉二州诸军事，平息叛乱。武帝正为关中不安定而忧虑，正在考虑出镇关中的人选，经任恺等人一说，立即表示赞同。

贾充为自己被忽然调离朝廷，不能再在朝中弄权而沮丧。在将要起程之际，他的僚属皆来到城外的夕阳亭为他饯行，中书监荀勖也在其中。荀勖是个颇有文采而人品较差的人，他与左卫将军冯统长期巴结贾充，逢迎武帝所好，颇受武帝信任。贾充一旦离京，荀勖和冯统会感到势力太单薄，很难继续专权。因此，荀勖在为贾充饯行的宴席间，悄悄对贾充说："贾公身为国家宰辅，却被一两个小人物给算计了，真是莫

大的耻辱。现在要推辞诏命不去关中是困难的。如果能将女儿嫁给皇太子，那么，留在京师就不成问题了。"贾充大喜，赶紧派人贿赂皇后杨艳，让她劝武帝为太子纳贾充之女贾南风为妃，还让太尉、太傅荀为此事帮忙。荀勖、冯统也在武帝面前盛称"贾充之女才貌双全，若入东宫，一定能辅佐太子"。武帝也正想为痴呆的太子找一个有才干的女子为妃，于是同意了这桩婚事。这样，贾充得以借此机会留京，仍居本职，不复西行。当时舆论普遍对他们的这种勾当不满，视贾充、荀勖等人为奸佞之人。

朝中许多大臣在议论谁当太子合适的问题。武帝希望主要大臣中有更多的人支持他选定司马衷，曾问张华："在我身后谁继承皇位合适？"而张华坚持自己的立场，不苟合取安，他说："要论既有德才，又是亲骨肉，我认为齐王司马攸最合适。"武帝听了很不高兴，贾充等人趁机进谗言，排斥张华。武帝遂在太康三年（公元282年）正月改任张华为都督幽州诸军事，离京前往幽州（今河北北部、京、津及辽宁大部分地区）。

齐王司马攸向来厌恶荀勖、冯统等人的奸佞行径，荀勖、冯统也知道如果司马攸将来登基，将对他们不利。因此，他们在扬太子、抑齐王的过程中，为达到个人的目的而不择手段。荀勖眼见齐王的声望日高，颇感焦虑，便向武帝进言说："陛下万岁之后，太子继承不了皇位。"武帝很惊讶，忙问原因，荀勖说："朝廷内外的人都倾心于齐王，认为他贤明，太子到那时能继位吗？陛下如果下一道诏令，命令齐王离京回封国，满朝大臣准会争相出来阻止的。陛下若不信，可以试试。"冯统也说："陛下早就打算让所有藩王回自己的封地去，而他们总是留恋京城不肯离去，现在应该从最亲近的藩王做起，而最亲近的藩王莫过于齐王。"

武帝相信了这两个人的话，于太康三年下了一道诏令，命齐王为都督青州诸军事，返回他的封国。诏令一下，果然引起朝中许多大臣的反对，扶风王司马骏（司马懿子）、征东大将军王浑、光禄大夫李憙、中护军羊琇及两个驸马王济、甄德等，都站出来进行阻止。王浑在奏疏中直言不讳地指出："陛下让齐王回封国，带个都督青州的虚号，没有镇守一方的军队可指挥，远离朝廷，不再参政，未免太不重兄弟手足之情了，有违文帝（指司马昭）临终前对陛下的嘱托。"武帝最怕别人说他不重兄弟之情，碍于面子，他不便对老臣王浑发作，而年轻一些的人进行劝阻，就难免使他发怒了。

王济、甄德这两个人不仅自己泣请武帝留齐王在朝，还一再让他们的夫人常山公主和长广公主到武帝面前说情，惹得武帝怒吼道："朕让弟弟司马攸回封国，是朕家中之事，关你们什么事！甄德、王济故意鼓动妇人来哭啼，是向活人哭丧还是别的意思？"王济因此被降职为国子祭酒。

杨珧与荀勖来往密切。太康三年（公元282年），太尉贾充死后，荀勖推荐杨珧为太子太傅，辅佐东宫，使他们的小帮派不因贾充死去而势力削弱。杨珧在排斥齐王司马攸的过程中非常卖力。中护军羊琇与北军中侯成粲一向为齐王所信用。他们恨杨珧与荀勖等结成帮派，曾密谋用刀捅死他。杨珧得知这一消息后，吓得不敢迈出家门，便派人告发

羊琇图谋刺杀大臣，为齐王司马攸出力。羊琇自幼与武帝一起长大，曾为武帝即位发挥过很大作用，平时深受武帝信任，任典掌禁军的中护军达十三年之久，但他在齐王的问题上栽了个跟头。武帝得到杨珧的告状后，不顾多年的情谊，将他降职为太仆。羊琇为此而愤恨不已，不久竟一病不起，死在家中。

武帝的态度如此坚决，以致百官中再没有人敢公开站出来反对逼齐王离京了。齐王司马攸知道武帝完全听信了荀勖、冯统的谗言，心中愤恨不已，不久便病倒了。武帝派御医前去诊治，而御医迎合武帝的意愿，故意说齐王没病。齐王病情越来越重，武帝却不停地催他起程。齐王没办法，只好强打起精神入朝向武帝辞行，武帝见齐王的举止仍保持平时的样子，更确信他是没病装病。直到他两天后躺在病榻上吐血而死，武帝才吃了一惊。

武帝因齐王是被自己逼死的，内心有愧，不禁落下了眼泪，而站在一旁的冯统冷言冷语地说："齐王徒具虚名，而朝中百官皆归心于他，对皇太子十分不利。现在齐王自己得病而死，这正是国家的福气，陛下何必那样伤心呢！"武帝听了，收住了眼泪。

齐王死后，其子司马同愤愤不平，但又不敢指责武帝，便把愤恨发泄在御医身上，称御医误诊其父的病。武帝随即下令将御医斩首，让他们成为替罪羊，以示齐王之死与己无关。

齐王一死，太子司马衷的地位就牢不可动摇了，没人敢再说废立太子之事。

司马炎在为太子的打算上可谓长远了。司马炎的天下，对于太子司马衷，最大的竞争对手就是齐王司马攸，如果司马攸掌控者权力，一定会寻找机会将司马衷取而代之，即使是司马攸本人克己守礼，也难免会有一些人为了自身的利益，放手一搏，推戴司马攸，到时，即使司马攸并不情愿，也会在成取代司马衷的客观事实。司马炎能够在自己在世之时，除掉司马攸，可谓是未雨绸缪，防患于未然。

"未雨绸缪，防患未然"出自《诗经·豳风·鸱鸮》："迨天之未阴雨，彻彼桑土，绸缪牖户。""未雨绸缪"的意思是趁着天还没下雨，先修缮房屋门窗，比喻事先做好准备。而"防患未然"就是说在事故和祸害没有发生之前就要防止。

这种精神也同样适用于这个日益竞争激烈的社会。如果想立足于社会，并成为成大事者，一定要有防患意识，一定要懂得事先准备。而企业管理者更应该如此。从世界各国来看，每个国家每年都会花费巨大的人力、物力和财力来"防范危机"。这足以证明，危机管理对于无论是国家还是社会，甚至是一个家庭都是至关重要的。所以，要想成就自己，做好事业，一定要懂得"未雨绸缪，防患未然"。

在现实生活中，"危机"一般是医学用语，它往往代表人行将木就、濒于死亡的状态，虽然有生的可能，但也受死的威胁，所以后来成为人们形容不可预期、难以控制的状态的代名词。而关于危机的定义，较为权威的是美国危机学家罗森塔尔提出的解释：危机通常是指决策者的核心价值观念受到严重威胁或挑战、有关信息很不充分、事态发展具有高度不确定性和需要迅捷决策等不利情境的汇聚。所以，一旦听到"危机"，我们都会紧张。

现在，虽然有一部分人也认识到危机如人必然会死亡一样，是无法避免的事。正因为有这样的认识，所以他们在受到危机的挑战时，一般能从容不迫，并且能想出办法解决危机。但也有很多人对危机并不敏感，而受到危机威胁时也是呆若木鸡，错过了"转危为安"的最佳时机。

在古代，任何国君如果想国家安定，经济发达，人民安居乐业，一定会采取的决策是"安而不忘危，治而不忘乱，存而不忘亡。"而现实生活中的我们亦是如此。

很久以前，有家境贫困的张某、李某两人，每天通过卖酪养家糊口。

有一天，在他们把酪装到瓶里、顶在头上准备去街上叫卖的时候，突然下起倾盆大雨，路泥泞不堪，如果不小心就有摔倒的危险。

然而聪明的张某看到如此状况马上想道："如果我顶着全部的酪出去卖，一旦在泥泞的道路上摔了，瓶破酪流，损失更大。我应该把酪再倒回锅里煮一煮，然后把酪中的酥都提炼出来，这样再把它装到瓶里拿去卖，即使是滑倒了，也不会有太大损失。"

所以，他马上回家准备。但是李某却没有想到如此好办法，只在呆呆地坐在家里等着雨停路干。

很快，雨过天晴，他们二人又各顶着十几瓶的酪，踏着泥泞的道路向城市走去。

走在路上，他们都很小心，由于雨后的道路太滑，所以怎么站也站不稳。突然，两人都脚滑，摔在了地上，随即是砰的酪瓶全破的声音。

看到如此大的损失，愚笨的放声大哭，甚至在地上打滚。可聪明的张某却丝毫没有忧虑，过路的人看到他们两个是如此不同，感到非常奇怪，上前问道："你们俩受了同样的损失，为什么反应却如此不同？"

听到路人这么一问，李某哭得更厉害了："之前我没有把酪煮出酥来，现在瓶子都破了，没有什么可剩的了，以后可叫我靠什么生存啊？"

"你呢？"路人又问张某。

"因为我之前早已经把酥取出来了，所以没有太大的损失。今天早上看到下雨，想到可能会因为路滑摔跤，所以趁着下雨的空赶快回家煮酪取酥，所以现在虽然酪没了，但我还有酥，所以我不担心。"

听张某这么说，路人叹气说道："是啊，无论做什么事情，一定在没有失败前就为失败做准备，否则就会被打败。"

听说这件事后，佛陀说道："人活着的时候，就要为死后打算。人在今生应该为来生做些准备，种些善因，才能结出善果，供来生享用。如果只顾目前而不为身后打算，就如同那个愚人瓶破全失。瓶比喻我们的身体，酪如我们现生的财产，酥比喻我们所做的事业，瓶破酪失而酥留。正如我们的身体虽死，现生财产全失，而尚留有事业可作来生生命的资本。"

所以，我们应当明白，无论在何时，都要培养自己的危机意识，只有这样才会立于不败之地，取得丰富的成就。

一位科学家曾做过这样的实验，把两只同样的青蛙，一只直接放在比较热的水中，而另外一只则放在清凉舒适的水中，然后慢慢加热，最

第六章 司马炎对你说谋略

终的实验结果是，那只直接放在热水中的青蛙马上意识到自己的危险，求生欲望使它本能地跳出热水，从而继续"生"。而那只在清凉舒适环境中的青蛙只是陶醉于自己的境遇，没有意识到危险正朝它走来。在得意之余，耗尽了自己的气力，最终丧失了挣脱出水的能力，死在了原本清凉的水中。

是的，残酷的现实，困惑的思维，往往让我们失去方向。置居安思危于不顾，必然会使人走进误区，无法面对突如其来的挫折。我们应当从两只青蛙的例子中学到点什么。要明白，在竞争的社会中，一定要保持清醒，更要不断努力，居安思危。